中国票据市场研究

（2020年第2辑，总第3辑）

中国票据研究中心　编

中国金融出版社

责任编辑：黄海清　白子彤
责任校对：李俊英
责任印制：裴　刚

图书在版编目（CIP）数据

中国票据市场研究．2020．第2辑／中国票据研究中心编．—北京：中国金融出版社，2020.7

ISBN 978-7-5220-0653-6

Ⅰ．①中…　Ⅱ．①中…　Ⅲ．①票据市场—研究—中国　Ⅳ．①F832.5

中国版本图书馆CIP数据核字（2020）第106053号

中国票据市场研究．2020．第2辑
ZHONGGUO PIAOJU SHICHANG YANJIU．2020．DI 2 JI

出版
发行　中国金融出版社

社址　北京市丰台区益泽路2号
市场开发部　（010）66024766，63805472，63439533（传真）
网上书店　http://www.chinafph.com
（010）66024766，63372837（传真）
读者服务部　（010）66070833，62568380
邮编　100071
经销　新华书店
印刷　保利达印务有限公司
尺寸　185毫米×260毫米
印张　12.75
字数　176千
版次　2020年7月第1版
印次　2020年7月第1次印刷
定价　49.00元
ISBN 978-7-5220-0653-6

编委会

前 言

2019年底，中国票据研究中心举办了“新时代票据市场发展、创新与风险”主题征文活动。这是研究中心第二届征文，主要目的是发挥研究中心学术高地的作用，围绕票交所成立后票据市场发展面临的新形势，探讨通过产品和服务方式创新，风险防控机制建设、配套制度建设、基础设施建设、金融科技发展、人才培养等方面促进新时代票据市场高质量发展。

本次征文活动得到了票据业界和学界的广泛关注，来自监管机构、市场机构、行业协会、高校、研究机构的各方专家学者踊跃投稿。各方的热切关注体现了票据市场不断向好发展的态势，也为票据市场的改革发展提供了不竭动力。这些征文从不同角度出发，分析了票据市场发展的新趋势和新特点，总结了各市场参与主体在票据市场的成功经验和具体实践，提出了对票据市场长远健康发展的思考和建议。

本届征文整体质量较高、题材丰富。多数文章结构完整，语言规范，观点鲜明，立意新颖，内容原创，在市场既有研究基础上有所创新，对所选论题具有深刻认识，使用数据、事实等论据对结论进行充分论证，对票据市场规范发展具有理论和实践上的指导意义。本届征文共评选出25篇获奖文章，包括一等奖3名、二等奖8名和三等奖14名。

为更好地发挥研究中心的平台作用，共享优秀理论研究成果，根据获奖征文的主题类别，我们将分两辑出版获奖征文，本辑《中国票据市场研究》收录了第二部分，供大家参考。

中国票据研究中心

2020年5月7日

目 录

票据定价机制研究

新形势下票据市场价格形成机制研究

中国工商银行票据营业部课题组[①]

[**摘　要**] 20世纪80年代初期我国票据业务恢复发展以来，票据利率定价先后经历了再贴现利率加点生成和市场化定价机制改革发展等不同阶段。当前，随着利率市场化进程的深入发展，我国票据市场价格形成机制亟待变革；票交所建设成立以后，首条票据收益率曲线的发布为新时期票据市场价格形成机制进行了有益探索并提供了发展思路。现阶段，票据价格形成机制的主要特征如下：Shibor发挥着票据利率定价的基准性作用、商业银行引入和发展基于FTP的票据利率定价机制、票据收益率曲线成为市场交易的重要参照利率。现阶段票据市场价格形成机制存在的问题主要如下：一是以Shibor为基准的票据价格形成机制存在不足；二是商业银行票据利率FTP定价机制有待完善。在上述背景下，完善发展票据收益率曲线对新时期建设发展票据市场价格形成机制尤为重要。课题组实证检验了票交所首条国股转贴现收益率曲线在票据利率定价方面的有效性，并指出当前票据收益率曲线类型尚需多元化、关键期限点选取仍需优化设置、票据主体交易行为的影响较为复杂，以及服务票据创新业务规模化发展中存在的问题等。对于新时期完善票据价格形成机制，课题组提出

① 课题组简介：课题组组长：徐晓岚，中国工商银行票据营业部总经理；课题组副组长：王永琪，中国工商银行票据营业部副总经理；课题组成员：邹江、汪小政、汪办兴、黄家驹；执笔人：汪小政、汪办兴、黄家驹。

如下几方面建议：一是持续提升票交所功能建设推动市场深化发展；二是加快推进与风险匹配相适应的银行承兑汇票费率；三是引导商业银行完善发展票据业务FTP定价机制；四是加快构建多样化票据收益率曲线；五是促进票据收益率曲线在票据业务经营管理中的应用和提升票据收益率曲线在货币政策传导方面的作用。

［关键词］ 商业汇票；贴现利率；利率市场化；收益率曲线；价格形成机制

20世纪80年代初，我国恢复了商业汇票承兑和贴现业务，我国票据市场重新起步发展。进入21世纪以来，伴随着经济高速增长和金融市场深化改革的深入发展，我国票据市场快速发展，票据融资已发展成为中小企业重要融资渠道，票据市场已发展成为金融机构短期资金融通和央行货币政策传导的重要场所。2018年，商业汇票累计签发量18.27万亿元，比2001年增长13.4倍，累计贴现量44.57万亿元，比2001年增长24.3倍；截至2018年末，商业汇票未到期承

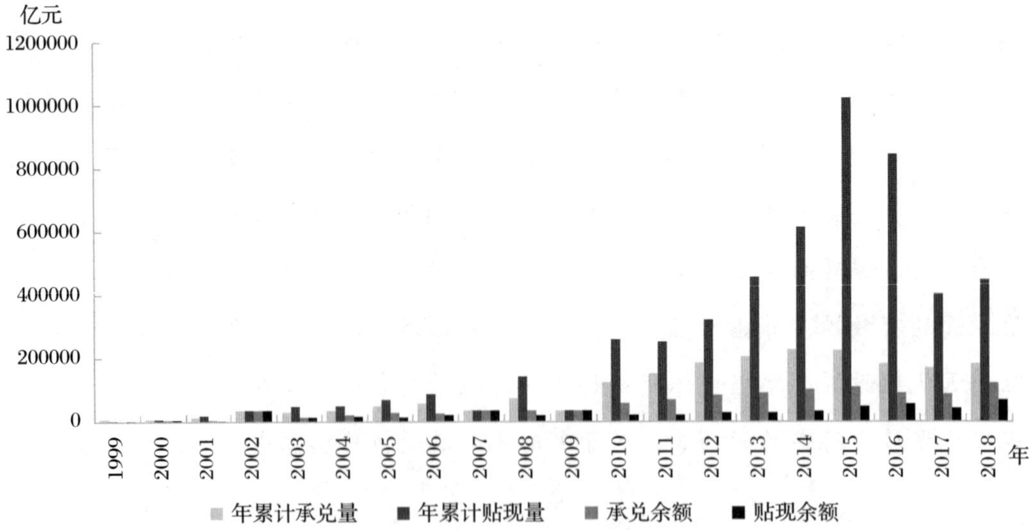

数据来源：中国人民银行。

图1 1999—2018年中国票据市场规模变化趋势

兑余额9.4万亿元，比2001年末的5111亿元增长17.4倍，金融机构票据融资规模5.78万亿元，比2001年末的2795亿元增长19.7倍。

在我国利率市场化进程中，伴随着票据市场的规模化发展，票据贴现和转贴现利率较早实现利率市场化定价，对票据市场规模的快速增长发挥着重要作用，对银行业务经营和货币政策传导的作用显著增强。同时，由于多种复杂因素的叠加影响，我国票据利率运行中还存在着货币信贷调节周期下贴现利率波动幅度过大、商业汇票承兑费率尚未充分覆盖信用风险、票据交易利率定价的锚利率尚不完善等诸多问题。票据市场价格形成机制的上述缺陷，制约了新时期票据市场规模化发展和票据业务的创新发展。2016年末上海票据交易所（以下简称票交所）正式建成开业，为新时期全国统一票据市场利率的形成提供了基础条件，2017年末票交所推出首条票据转贴现收益率曲线，迈上新时期建设票据市场价格形成机制的新征程。本课题旨在在我国票据利率形成机制历史发展的基础上，对新时期票交所票据市场价格形成机制进行研究探索，并提出对策建议。

一、我国票据市场价格形成机制的历史回顾与新时期变革

（一）我国票据价格形成机制市场化改革的回顾

我国票据市场价格形成机制发展始终与金融改革紧密联系。从利率管制时期向利率市场化改革的进程中，票据市场价格形成机制的市场化程度不断提升。

1994年，中国人民银行规定票据贴现利率按同期同档次信用贷款利率下浮3%执行，再贴现利率按同期同档次信用贷款利率下浮5%执行。

1997年12月1日，中国人民银行颁布实施《支付结算办法》规定，“银行承兑汇票的承兑银行，应按票面金额向出票人收取万分之五的手续费”。

1998年3月，中国人民银行决定改进和完善票据再贴现利率和贴现利率形成机制，将再贴现利率单列为央行的一项法定基准利率，与再贷款利率脱钩，由央行根据市场资金的供求状况进行调整；贴现利率由再贴现利率加点生成，

与同期贷款利率脱钩，贴现利率的浮动幅度得以扩大。

2007年1月，中国人民银行着力培育的、作为货币市场基准利率的上海银行间同业拆放利率（Shibor）机制正式运行。2007年7月4日，中国人民银行外汇交易中心发布了《关于开展以Shibor为基准的票据业务、利率互换报价的通知》，受权在“货币市场基准利率网”上开发了以Shibor为基准的票据转贴现、票据回购和利率互换报价信息发布界面，并于2007年7月4日正式运行。

2007年4月，中国工商银行率先在票据业务中采取了以Shibor加点差生成票据转贴现、回购利率的定价方式，11月又实现了贴现利率与Shibor挂钩。此后越来越多的商业银行开始推广以Shibor为基准加点生成票据利率的定价模式，票据业务定价方式开始由固定利率向浮动利率转变。在此期间，随着票据业务的快速发展和央行取消了对再贴现利率加点上浮的限制，票据利率定价更加市场化。

2013年7月，中国人民银行取消贴现利率在再贴现利率基础上加点确定的方式，正式确立金融机构自主决定贴现利率的市场化定价机制。至此，票据利率完成了定价机制的最终变革，票据利率定价实现完全市场化后，能更真实、全面地反映各市场因素对票据利率的影响。

2014年2月，原中国银监会和国家发展改革委印发《商业银行服务价格管理办法》，将“银行承兑汇票的承兑银行，应按票面金额向出票人收取万分之五的手续费”改为“市场调节价”，银行承兑费率开始与企业信用等级、承兑保证金比例等因素挂钩，票据价格体系市场化更进一步，对国内票据业务产生更为深远的影响。

（二）新时期票据市场价格形成机制面临革新发展

1.利率市场化条件下票据利率形成机制亟待变革。2015年10月24日，中国人民银行全面放开存款利率管制，我国存贷款利率市场化在形式上基本完成。尽管存贷款利率上下限已放开，但仍保留存贷款基准利率，存在贷款利率和市场利率并存的利率“双轨”问题。2019年8月17日，中国人民银行发布公告，决定改革贷款市场报价利率（LPR）形成机制，要求银行新发放贷款应参照LPR定价。

下一阶段，随着利率市场化改革的深入推进，中国人民银行将加大力度培育包括Shibor、LPR在内的基准利率体系。《“十三五”现代金融体系规划》明确提出，培育市场基准利率和收益率曲线，健全市场化的利率形成机制，充分发挥市场化竞争性利率体系在资源配置中的决定性作用。由此，在新时期利率市场化改革进程中，票据市场如何培育和完善适合自身市场发展的票据收益率曲线，将成为创新以市场供求关系决定票据交易利率的价格形成机制的关键。

2. 票交所建设推出首条票据收益率曲线。长期以来，我国票据市场基础设施建设滞后，缺乏类似银行间债券的统一的交易平台，纸质票据交易造成市场割裂和交易信息透明度不高，制约了市场统一价格形成机制的革新发展。

2016年12月，由中国人民银行组织建设的票交所正式建成运行，票据市场基础设施建设取得重大突破，我国票据市场由此迈入了电子票据交易新时代。票交所成立后，依托统一票据交易平台数据集中的优势，推进市场运行机制建设，组织力量自主研发票据收益率曲线。2018年12月6日，票交所正式发布票据市场首条收益率曲线。此次发布的曲线是信用主体为国有和股份制银行的电子银行承兑汇票转贴现收益率曲线（BAEX-1)。首条票据收益率曲线的编制发布，填补了票据市场缺乏定价估值参考的空白，为市场主体参与票据交易定价提供了基准利率参照。

3. 票据收益率曲线有助于完善发展票据市场价格形成机制。从利率市场化国家金融资产交易价格形成机制的发展看，编制和打造市场收益率曲线成为固定收益债券市场化价格形成机制的主流。收益率曲线显示的是由一组风险水平相同，但期限不同的债券或其他金融工具的收益率连接形成的曲线，纵轴代表收益率，横轴代表剩余到期时间，它反映的是某个时点该类型债券不同剩余到期期限对应的收益率水平，一般由左下方向右上方倾斜，可以表明剩余期限相对较长的风险溢价。

我国在利率市场化进程中，也借鉴金融市场成熟国家发布市场收益率曲线的经验，1999年，中央国债登记结算有限责任公司（以下简称中央结算公司）在我国率先推出了第一条国债收益率曲线。

票据作为一种类似于债券的短期债务工具，已发展成为中小企业重要的短期融资工具。在票交所时代，随着证券、基金等投资机构成为票据市场参与主体，票据将逐步发展成为重要的投融资工具和货币政策工具。同时，随着我国《国际财务报告准则第9号——金融工具》（IFRS9）的修订和实施，票据投资者需要能够以公允价值计量和核算收益。由此，在电子票据规模化发展的票交所时代，借鉴债券收益率曲线等的编制实践，编制发布票据收益率曲线，创新发展了票据价格形成机制。

（三）我国票据市场价格体系运行的主要特征

1. 银行实际收取承兑费率尚未充分覆盖票据信用风险。现行的银行承兑收费标准始于1984年计划金融体制下，当时尚不存在出票人的违约风险，仅体现为银行的结算成本费用。银行承兑作为一项信用产品，虽无须占用资金，但承担了票据业务链中的所有信用风险，故其风险收益应通过提供信用的价格——承兑费率来体现。统计显示，商业银行银票承兑业务不良率保持在0.15%～0.42%，而0.05%的银行承兑手续费收益无法覆盖0.42%正常风险损失，因此，商业银行只能加收承兑保证金。但是，此种方法无法体现是根据出票人的个体违约率进行的风险定价，巨额的存款保证金也在货币供应量统计中构成虚假因素，形成“货币空转”。

2. 票据贴现利率与融资规模存在量价反向变动关系。从21世纪以来各个阶段票据市场运行整体情况看，与信贷规模具有紧密联系的贴现和转贴现业务的交易价格和票据融资规模存在着反向运行关系，即贴现利率、买断式转贴现利率基本随着票据融资规模的增加而降低，随着票据融资规模的下降而上升，尤其是在货币政策大幅变动的2009年和2011年，这一特点表现得尤为明显。

3. 银行贴现利率波动幅度明显大于贷款基准利率调整幅度。在货币政策调

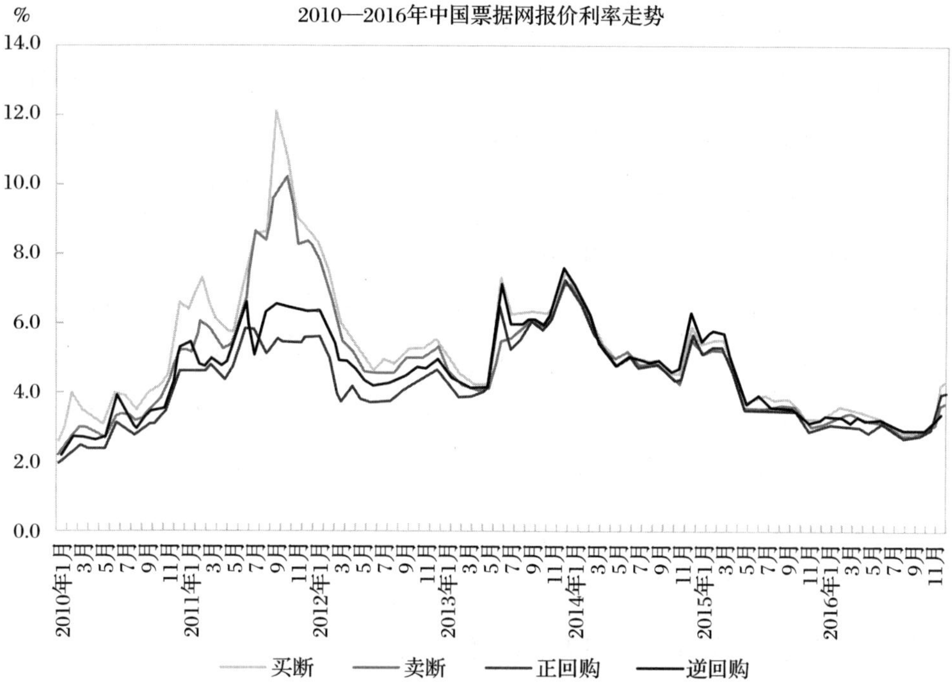

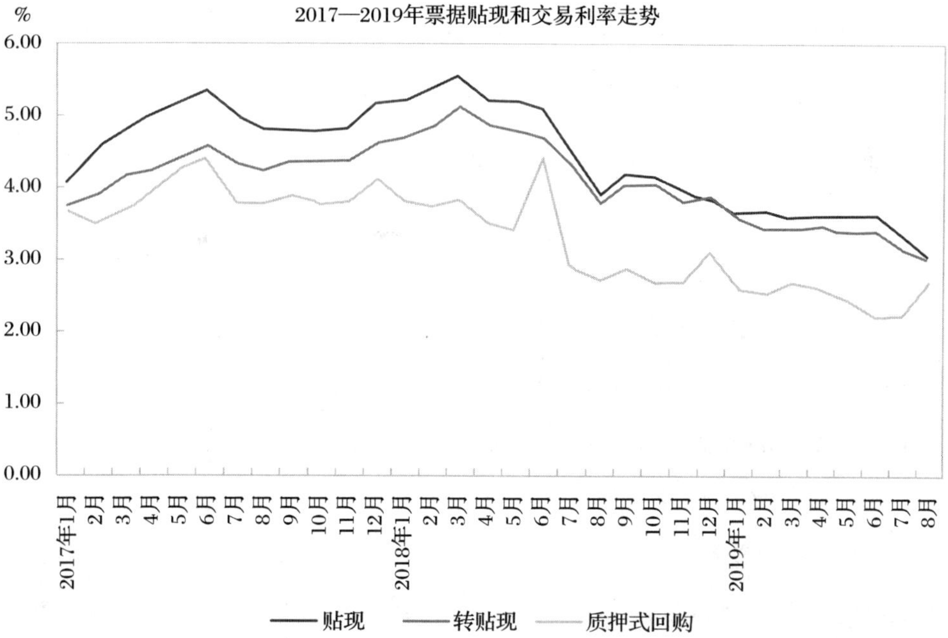

资料来源：上海票据交易所、中国票据网。

图2 2010—2019年票据利率运行情况

整期间相对较大的2003—2011年，我国6个月期和1年期人民币贷款基准利率最高分别为2007年底的6.57%和7.47%，最低分别为2008年底的4.86%和5.4%，利率调整幅度分别仅为171个基点和207个基点；同时期，我国票据市场利率波动的最大振幅超过900个基点，远高于同期贷款基准利率调整水平。

4. 票据转贴现利率与货币市场利率关联性日益增强。自2008年以来，在中国人民银行着力培育Shibor作为货币市场基准利率后，各货币子市场利率走势的同步性明显增强。此阶段，我国票据市场与相关货币市场利率的变动趋势基本保持一致，票据市场与货币市场利率变动的离散程度虽仍较为明显，但票据市场利率与银行间同业拆借、债券回购利率之间的利差与上年同期相比也有一定程度的下降，显示出三类主要货币市场交易利率的同步性在上升。

二、票据市场价格形成机制的现状与新时期发展

在利率市场化深入发展阶段，完善发展票据价格形成机制应有的思路应该是，从我国现阶段票据利率形成机制的现状出发，剖析存在的问题和不足，借鉴国内外相关金融市场价格的实践经验，探寻完善发展我国票据利率形成机制的方向。

（一）现阶段票据市场价格形成机制的主要特征

近年来，随着我国货币市场基础利率Shibor的持续培育和发展、商业银行引入和发展先进的业务定价机制，以及票据市场参与主体业务竞争的加剧，我国票据市场利率形成机制呈现如下特点：

1. Shibor发挥着票据利率定价的基准性作用。利率市场化改革的目标就是充分发挥市场在金融资源配置中的基础性作用，形成以中央银行基准利率为基础，以货币市场利率为中介，由市场供求关系决定的市场利率体系和利率形成机制。

2007年1月4日，Shibor开始试运行。运行11年来，Shibor能够较好地反映资金成本、市场供求和货币政策预期，很大程度上承担了金融产品及其衍生品定价基准的作用。在2011年金融市场交易中，73%的货币市场交易、17%的浮息债、全部固息企业债、31%的固息短融发行以及45%的金融衍生品交易采用Shibor作为定价基准。

2. 商业银行引入和发展基于FTP的票据利率定价机制。近年来，为了应对利率市场化带来的挑战，我国商业银行纷纷加强资产负债管理，突出表现在改造和引入内部资金转移定价（FTP），完善以利率风险和流动性风险管理为核心的资产负债管理。目前我国国有和股份制商业银行以及部分城商行和外资银行等已实现全额FTP，小部分银行处于差额FTP向全额FTP过渡中。随着利率市场化的深入推进，商业银行利差不断收窄，产品定价管理的重要性凸显，因FTP具有较好的明晰的定价边界，能够发挥引导产品定价的作用。当前，国内众多银行已普遍将FTP机制应用于票据业务定价。对于票据业务经营机构而言，每一笔票据业务均由总行给予全额资金配置，内部转移价格作为经营机构对外开展票据贴现业务议价的下限，在此基础上加上运营成本、税收成本、风险成本、资

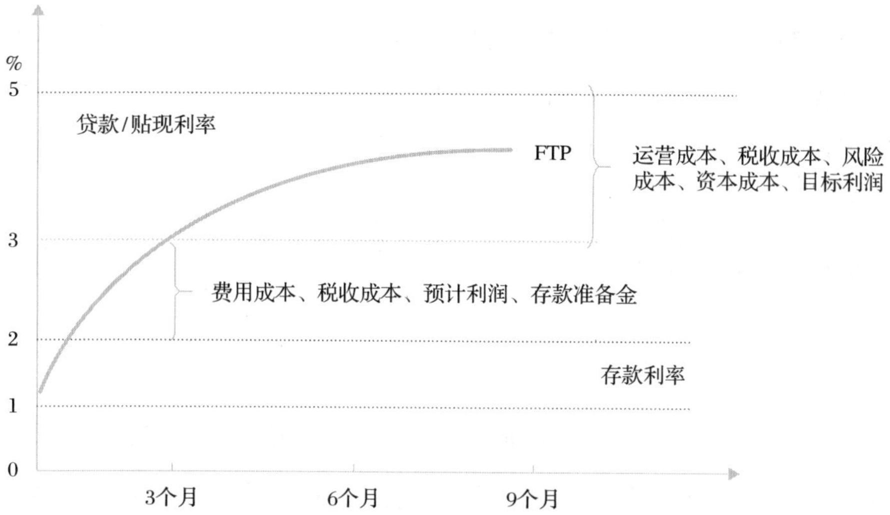

图3　商业银行内部资金转移定价（FTP）与市场价格关系

本成本和预期利润等因素构成点差，即由FTP加点浮动生成票据贴现利率。同时，根据不同分级机构不同经营授权，给予不同的浮动加减点权限。据此，在FTP模式下，票据产品定价可以表述为，票据贴现利率=FTP+点差。

3. 资金大行转贴现利率成为中小机构定价的重要参照。21世纪以来，随着票据市场规模的快速增长，票据资金业务运作受到商业银行普遍青睐，赚取转贴现交易价差成为银行票据业务重要的经营策略。同时，在货币政策转向稳健和银行资本监管日益严格的背景下，银行更加重视高效实用票据规模资源，普遍采取“以出票定进票”的票据融资业务发展策略。在这一市场格局中，由于国有银行和资金实力雄厚的股份制银行具有较强的自主定价能力，其票据转贴现利率往往成为市场利率走向的风向标，中小银行在票据业务中往往根据资金大行票据转贴现利率确定自身的交易利率和贴现利率。

4. 票据收益率曲线作为市场交易参照利率的地位增强。长期以来，票据市场上中小金融机构因自身缺乏自主定价能力，以及在票据业务经营中通常采取“以出定进”的交易策略，在票据业务定价中往往主要参照国有和股份制银行转贴现利率的价格水平来定价。

票交所首条收益率曲线的发布，使中小金融机构有了更加可靠的参照利率。2018年5月以来，票交所编制的收益率曲线已在10家市场主要机构中试运行。结果表明，票交所编制的曲线运行良好，试点机构一致反映曲线和市场真实价格走势高度吻合，准确性、稳定性、平滑性和适用性都达到了应用要求，并已被各试点机构应用到交易定价、业务分析和管理、风险监测和资产估值中，对提高其经营和管理水平发挥了有效参考作用。

（二）现阶段票据价格形成机制存在的问题

1. 以Shibor为基准的票据价格形成机制存在的不足。从Shibor作为货币市场基准利率的定位看，其已经是包括商业汇票在内的多类型货币市场投融资工具交易利率的参照利率，发挥着基准利率的锚定作用。但值得关注的是，Shibor

形成机制本身固有的一些缺陷制约了这种定价基准作用的充分发挥。

一是Shibor本身并非真实交易利率数据形成的，而是基于报价利率计算形成的，较易受到虚假报价的不良影响。Shibor报价银行对自己的报价不用承担交易义务，这可能使Shibor 面临人为操纵而出现不真实的状况。

二是Shibor作为货币市场基准利率，对票据市场价格形成并不具有直接作用。Shibor反映了整体市场流动性松紧下资金利率水平，但无法直接反映票据资金价格，并且票据交易利率的形成不仅受资金状况的影响，也受银行票据业务经营策略和交易行为的影响。

三是中长期品种流动性低可能造成代表性不强。2011年，我国银行间市场中14天期限以内的品种交易量占全部交易量的96.4%。中长端产品交易不活跃，使Shibor 难以形成一个完整的基准利率。

四是Shibor 稳定性有待加强。作为基准利率，稳定性是基本的要求。但2013年6月的“钱荒”事件中，Shibor 出现异常波动。尽管这些波动的原因是多方面的，如市场资金供给紧张、商业银行同业业务过度扩张等，但也与Shibor内在稳定机制有一定关系。

2. 商业银行票据利率FTP定价机制有待完善。当前，存贷款利率实质上仍处于向市场化利率转变的过渡期，国内银行引入和应用FTP的时间并不长，商业银行普遍对FTP的认识不够深入，不能准确把握FTP的本质，不能清晰界定FTP管理的定位，从而影响了FTP定价机制作用的发挥，对业务发展造成负面影响。

当前，国内银行在应用FTP进行业务定价的过程中，最突出的问题在于，将FTP等同于考核工具，扭曲FTP的本质和核心功能。这集中表现在以下方面：一是FTP收益率曲线的设定带有很强的管理意图和主观因素，并不是从边际筹资成本的FTP基本内涵出发，最终形成的收益率曲线与外部资金市场价格关联性不大；二是日常FTP价格调整的触发因素多为业务发展，与资金市场价格变化没有关系，造成内部价格缺乏科学逻辑；三是FTP定价方法的选择更多的是不同部门基于考核利益博弈的结果，与FTP定价主要关注现金流和利率属性的本质没有直接关系；四是从运行结果看，经营单位以及总行业务条线主要从考核利润角度接触和理解FTP，甚至将FTP收入直接等同于考核利润，忽略其他成本因素，进而与FTP管理部门进行博弈，导致FTP价格出现扭曲。

（三）新时期完善发展我国票据利率形成机制的基本逻辑

1. 从未来我国票据市场建设发展看，票据有望逐步发展成为标准化的短期债务融资工具。从票据市场发展目标导向出发，在利率市场化条件下，票据市场应形成一个由票据市场资金供求关系和市场参与主体竞争决定交易利率的定价机制。

2. 我国票据市场参与主体众多，既包括大中型商业银行，也包括众多中小型金融机构。大中型商业银行交易额占据市场绝对主体份额，大中型商业银行票据业务定价机制相对成熟和水平较高，大中型商业银行普遍应用基于FTP的票据利率定价机制，其自主定价形成的票据利率是票据市场价格形成机制的重要基础。

3. 对于票据市场中小金融机构而言，由于资金实力和定价能力不足，其在业务竞争中主要采取追随定价策略，即主要根据大中型商业银行票据利率水平加减点生成自身的票据价格。

4. 票交所时代，票据收益率曲线的编制发布可以提高票据市场交易利率信息的透明度，可以成为市场主体票据交易的参照利率。当前，票交所已发布的国股票据转贴现收益率曲线实际上发挥着这一作用，但尚不完善，有待进一步完善发展。

5. 对于作为货币市场短期债务融资工具的票据而言，Shibor利率仍将发挥基准性作用；同时，Shibor利率对于未来商业银行完善票据业务FTP定价机制也将具有基础性作用。

在上述基本逻辑的前提下，本文认为，在利率市场化深入推进和票交所加快构建全国一体化票据市场的背景下，可以区分不同类型金融机构，引导形成适合市场发展的票据利率形成机制。

一是引导有票据业务自主定价能力和条件的商业银行票据业务正逐步形成了以Shibor利率为基准，以内部资金转移定价（FTP）为中介加点浮动生成票据利率的定价机制。

二是由票交所根据某种标准确定和选取银行，主要根据大中型银行票据交易利率或报价利率编制形成票据收益率曲线，其他金融机构参照形成票据利率的定价机制。

三、票据收益率曲线有效性的实证检验与发展展望

（一）首条收益率曲线有效性的实证检验

为检验首条收益率曲线有效性，本文提取了某行2019年8月5日至16日（两周）的转贴现交易数据，从票交所下载了该期间关键期限点对应收益率数据并进行了Hermite插值。

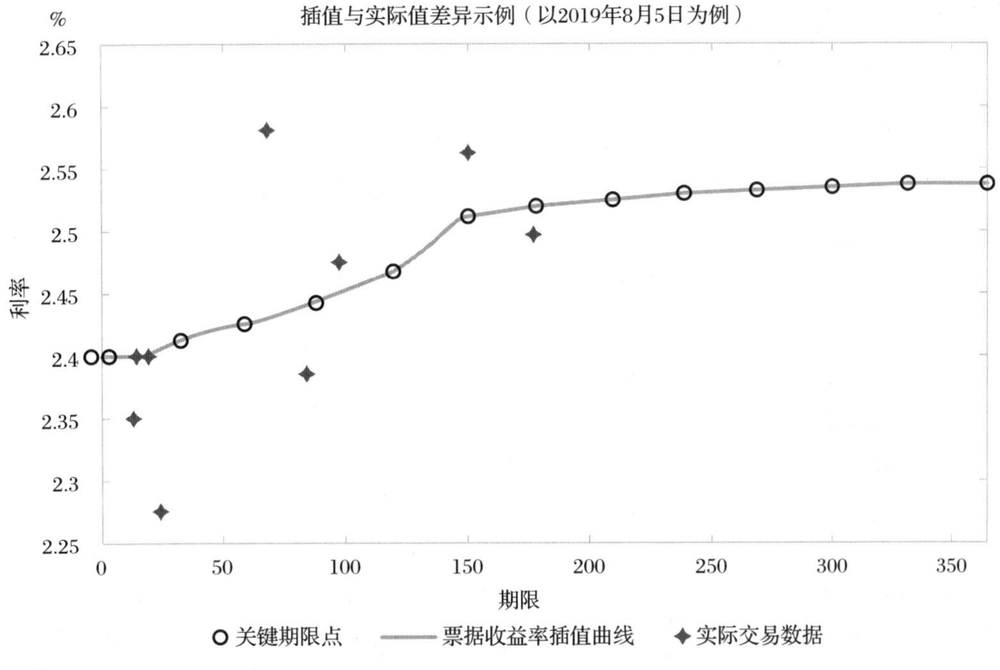

图4 某行转贴现利率与票交所收益率曲线拟合情况

图4以2019年8月5日为例，展示了生成插值曲线与实际转贴现交易数据之间的差异。

本文试图通过计算实际成交的样本点利率与Hermite插值数值的均方根误差Root Mean Squared Error（RMSE）及均方根误差百分比Root Mean Squared Percentage Error（RMSPE）这2个指标，判断首条收益率曲线的有效性。

两指标计算方法如下：

$$\mathrm{RMSE}=\sqrt{\frac{1}{n}\sum_{i=1}^{n}(r_i-R_i)^2}$$

$$\mathrm{RMSPE}=\sqrt{\frac{1}{n}\sum_{i=1}^{n}(\frac{r_i-R_i}{r_i})^2}$$

其中，r为实际成交样本点收益率，R为Hermite插值收益率。上述2个指标越小，样本点从平均来看与收益率曲线重合度越高，即收益率曲线对真实交易的拟合准确度越高、有效性越强。

表1展示了每日及10个交易日加总后所得的RMSE及RMSPE。

表1　某行转贴现利率与票交所收益率曲线拟合结果

日期	样本量	RMSE	RMSPE
2019年8月5日	12	0.000648	0.0268
2019年8月6日	14	0.003004	0.1384
2019年8月7日	13	0.002562	0.0935
2019年8月8日	13	0.001946	0.0734
2019年8月9日	13	0.003112	0.1091
2019年8月12日	13	0.002294	0.0900
2019年8月13日	12	0.005364	0.1416
2019年8月14日	16	0.001850	0.0735
2019年8月15日	16	0.002909	0.1022
2019年8月16日	15	0.003390	0.1110
总计	137	0.002920	0.1011

从结果来看，所得日均和总计的RMSE及RMSPE值与票交所课题组（罗丹阳等，2018）披露值0.003527、0.086791相近。

其中，两周数据加总来看，RMSE比披露值略小，说明该行交易数据就全行业数据来看与收益率曲线的差异相对更小，但RMSPE略大，可能是由票交所课题组选取样本时间区间的不一致，导致收益率均值与本次采样产生差异。此外，由于本次采样时间区间仅为两周，短于票交所1个月的采样区间，且时间段有所差异，故可能对数据差异产生影响。但大体上可以认为实际交易数据值与插值结果差异在相对可接受的范围内，侧面说明了经Hermite插值后的收益率曲线能够较为准确地反映真实的交易利率情况，验证了首条收益率曲线的有效性。

（二）票据收益率曲线发展

1. 票据收益率曲线类型尚需多元化。目前，票交所仅发布了国股类票据1条收益率曲线，暂时无法满足从国股、城商、农商到财务公司的多元化信用状况的票据定价需求。在后续的实践中，票交所可从市场管理者的角度，利用全市场多维度的数据，提供多信用层次的收益率曲线，为市场交易主体估值定价提供可靠依据。

2. 票据收益率曲线的关键期限点选取仍需优化设置。票据收益率曲线受日历效应影响，在月末、季末、年末差异明显，票据收益率曲线关键期限点的选择还需兼顾月末、季末、年末时间节点。在进行插值时，票据收益率曲线的关键期限点选取仍需优化设置。

3. 票据主体交易行为对票据收益率影响复杂。目前各机构票据转贴现交易策略各有不同，出于买入持票、买卖价差、临时规模需求、不同期限或不同信用等级打包交易等原因，交易利率往往存在较大差异。因此，如何在插值样本点选取时适当地剔除异常值，还需要进一步分析探讨。

4. 票据收益率曲线服务票据创新业务规模化发展。票交所成立以来，票据创新业务迎来了发展契机，但受到监管要求、市场接受程度、缺乏公允价值估值基准等因素制约，其规模化发展仍面临不小阻力。展望未来，在票据收益率曲线逐步完善、形成具有市场广泛接受度的估值基准后，票据业务在票据资管、衍生产品、资产证券化、电子化产品创新、跨市场创新、互联网创新等方面的创新还有很大的发展潜力。

四、完善发展票据价格形成机制的对策建议

（一）推动商业银行加快完善票据业务价格形成机制

1. 引导商业银行按风险收益原则确定承兑费率。承兑费率作为利率市场化改革的主要内容之一，实行市场定价后，将会与其他信用工具产生相互影响，最终形成市场均衡费率，企业票据融资成本将趋同于贷款成本，长期以来，存在以过低承兑费率进行套利融资为目的的“融资性票据”需求将会自然衰减。

承兑费率市场化后，将同步促进电子商业汇票业务的发展。《电子商业汇票业务管理办法》推行承兑费率市场定价原则，但因客观存在纸质银行承兑汇票0.05%承兑手续费的影子价格，使电子银行承兑汇票的承兑费率市场化最终难以推行，而承兑费率市场化将促进电子商业汇票业务的发展。

承兑费率实行市场定价机制后，或将促进社会信用机构的制度创新，即出现商业票据承兑专营机构。在英国、日本商业票据市场上都存在专营票据承兑的机构，这些机构凭其信用为出票人进行信用增级，在票据市场上提供信用中介服务，而目前国内商业承兑汇票在商业汇票中的占比偏低，其原因就在于缺乏商业承兑专营机构。承兑费率市场定价机制形成后，为商业保理、融资性担保公司提供了信用中介的盈利模式，通过制度创新，开展商业承兑专营业务，借助品牌优势和运用互联网大数据优势，为中小企业提供商业承兑汇票信用增级的承兑服务，并实现风险溢价收益，也可为国内票据市场增添多元化的参与主体。

2. 商业银行须进一步完善发展票据业务FTP定价机制。当前，我国商业银行资产负债业务应用FTP机制尚不成熟，在票据业务中应用FTP机制还处于初步阶段，存在着诸多需改进之处。商业银行应用FTP机制还较为粗放，尚不能适应票据业务精细化管理的要求。总体上看，部分银行尚未构建出可以合理满足自身资产负债业务定价的全期限FTP曲线，在票据利率定价方面尚不能实现期限精准匹配。对此，商业银行需建立适应外部市场、政策环境动态调整的FTP模型，优化FTP系统。总行可结合外部利率政策、宏观经济形势、业务发展情况及期限结构等特点，动态调整FTP模型或参数，根据资金流动情况匹配品种齐全、期限合适的FTP曲线，真正反映资金边际成本和收益，提高FTP引导的有效性。

具体到票据业务，由于Shibor已发挥我国货币市场基准利率的作用，且较好地反映资金市场供求关系，应研究构建以Shibor为基准，合理反映各期限外部资金利率和本行资产负债业务收益率特征的FTP曲线，让经营机构票据贴现业务对外定价时可以按照FTP曲线上的具体点位进行精准匹配。同时，研究基础信息的电子化和指标化，以此提高考核的及时性和准确性，并通过指标的有效组合实现票据产品、客户多维度考核分析，为精细化定价奠定基础。

3.商业银行应加大票据收益率曲线在经营中的应用。在债券产品方面，原银监会于2007 年将中债收益率曲线确立为银行业金融机构市场风险管理及监管部门进行市场风险监管的计量参考基准。在票据产品方面，自IFRS9实施后，票据很有可能将采取公允价值计量，若没有公允统一的计量参考标准，银行业金融机构逐日盯市计算损益、计算风险价值等市场风险管理工作就可能存在较大的主观随意性，因此公允的票据收益率曲线和估值将成为票据市场风险管理的基础。

（二）促进票据市场深化发展，构建多类型票据收益率曲线

1. 加快票据市场深化发展。从某种程度上讲，票据市场规模化发展和公开

透明的票据市场价格形成机制密不可分。票交所发挥票据市场基础设施作用，可以在业务创新、新型主体引入和价格机制形成方面推动市场深化发展。业务创新和新型主体的发展，可以在推动市场规模化发展的同时，为票据收益率曲线的编制提供更多可供利用的业务数据信息，新型市场主体更加关注公开透明的票据价格，也将倒逼票据收益率曲线加快发展。首条票据收益率曲线的成功发布，推动了票据市场公开、透明的票据定价机制的初步形成，票据转贴现收益率曲线在定价参考基准方面有以下功能可以拓展：一是可作为票据转贴现公允价值估值参考；二是可作为票据贴现利率定价参考；三是可作为票据基金、票据衍生证券等创新产品定价参考；四是可作为短期融资券、同业存单等货币市场产品的比价参考。随着票据收益率曲线应用范围的不断扩大，对吸引更多市场新型主体参与和新型业务开展均将发挥重要作用。

2. 适应业务创新发展构建多样化票据收益率曲线。与银行承兑汇票一样，商业承兑汇票信用主体的分类可按信用等级划分。但商业承兑汇票与银行承兑汇票的承兑人性质不同，分别由一般企业和金融机构承兑，所以在实际业务中，商业承兑汇票的定价较银行承兑汇票有明显的信用风险溢价。

由于目前商业承兑汇票的交易活跃度远低于银行承兑汇票，采用实际报价或成交数据构建收益率曲线可能存在一定偏差，可尝试用如下方法构建商业承兑汇票的收益率曲线：将承兑人划分为不同信用等级的企业，分别构建由各信用等级企业承兑的商业承兑汇票的收益率曲线。每个类别采用在相同信用主体银行承兑汇票收益率基础上加上信用风险溢价的方式来构建。

（三）提升票据收益率曲线在货币政策传导方面的作用

世界上主要发达市场经济体的中央银行，都非常重视收益率曲线中所包含的先行信息。美国早在1996 年就将10 年期与3 个月期国债利差纳入官方监测，中心也将7 年期及以上国债市场加权平均收益率与1 年期及以内国债市场加权平均收益率之间的点差，作为我国宏观经济先行指标之一。随着金融市场的进一步发展和利率市场化进程的加快，利率传导机制在我国货币政策中的地位将越来越重要，建议加强对包括票据收益率曲线在内的收益率曲线信息的挖掘利用。

参考文献

[1] 中国工商银行票据营业部课题组．宏观货币政策调整对票据市场利率的影响 [J]. 金融论坛，2014(6):68–75.

[2] 杜金岷，郭红兵．基准利率与基准收益率曲线的内涵及关系探讨 [J]. 上海金融，2008(2):43–47.

[3] 汪办兴．对 Shibor 为基础的票据定价建模问题的思考 [J]. 中国货币市场，2009(3):34–39.

[4] 陈卫东，曾一村，付萱．票据与同业存单、短期融资券价格的驱动因子及相关性分析 [J]. 上海金融，2017(7):68–74.

[5] 王晓燕．基准利率视角下国债收益率与 Shibor 的动态关系 [J]. 南方金融，2014(8).

[6] 赵宇龄．中国国债收益率曲线构造的比较分析 [J]. 上海金融，2009(3):29–31.

银行间市场资金流动性对票据利率影响的研究

杨 刚 胡 玥[①]

［摘　要］票据市场是我国最早开始推进利率市场化改革的重要金融市场之一，也为货币市场提供利率基准依据，其中直贴和转贴利率价格，也为中央银行货币政策再贴现操作提供参考。本文以2017年1月到2019年8月为研究期间，采用银行间拆借、债券回购、银行间衍生品市场等利率，加上估算的银行间超额储备金率变动，以及反映资金流动性情绪的变量等数据，依此建立向量自回归（VAR）模型，以及脉冲响应进行分析，实证研究银行间市场资金流动性对票据转贴利率的影响。本文发现7天期银行间市场质押式回购利率（DR007）对票据转贴利率的影响尤为显著，其原因首先可能是政策意图使得流动性环境趋于宽松时，起到调节银行间市场流动性也有平抑票据市场利率的作用，其次可能是DR007成为票据市场新的“利率锚”。货币市场波动在流动性的传导机制链条上，银行间资金流动性情绪指标并没有对票据转贴利率产生显著影响，可能原因是票交所的建立，使票据市场信息透明度提高，不同信用主体的票据价格发现功能被逐步释放，减少了交易的摩擦成本，票据市场参与者对市场情绪面的关注与纸票时代的OTC市场有了明显的变化。

［关键词］利率市场化；票据交易所；票据利率；DR007

① 作者简介：杨刚，上海财经大学金融学院金融学博士研究生；胡玥，上海财经大学金融学院金融学博士研究生。

一、引言和理论机制

（一）引言

根据上海票据交易所（以下简称票交所）网站的票据市场运行分析报告显示，2019 年前三季度，票据交易量为39.73 万亿元，同比增加8.01万亿元。我国票据市场从20世纪 80 年代初起步以来，作为货币市场的组成部分，场外交易（OTC）票据市场因限于交易信息不对称问题，其发展一度长期滞后于银行间拆借市场、国债市场、外汇市场等的发展。票交所的建立推动了票据交易市场深度，大大增加了票据流动性，目前，票据市场已经成为我国金融市场的重要组成部分，发展成为货币市场一个体量非常庞大的子市场。

票据利率与其他货币市场利率走势保持较高趋同性，本文构建模型研究银行间市场资金流动性对票据利率的影响。

（二）理论机制

在流动性的层次划分中，根据不同层次可分为资金流动性、金融机构流动性、宏观流动性，其中许多学者将商业银行流动性纳入宏观流动性研究范畴。货币流动性起源于央行注入的资金，包括短期或中期银行负债，是整个市场流动性的基础。在货币供求流动性格局中，主要对手方包括央行、银行（其他金融机构）、企业和居民。同层次之间流动性的转移不影响货币供给总量；不同层级之间的货币周转可能导致流动性的绝对或者相对紧张或者宽松。此外，资金流动性还应包括对资金“松紧”感受的情绪指标。

随着票据市场快速发展，票据的功能早已从传统支付结算工具发展为融资、交易和投资工具。第一，票据作为一种金融资产具有资金属性。从期限和需求的角度来看，纸质票据的最长期限为6个月，交易所电子票据的最长期限为12个月，而货币市场一般是指期限在1年以内的金融资产交易市场，目前货币市场上与票据风险状况相似的金融资产如同业存单，与票据存在一定替代性，因此同业存单的利率变化也会对票据利率产生影响，使票据利率深受银行间流动性松紧的影响。第二，从银行资金成本角度看，银行票据业务的资金来源，一是行内资金占用，即银行内部资金转移定价（FTP）；二是在银行间货币市场融资，包括同业拆借、质押式回购等，这两项通过票据购买的成本影响票据利率。

二、文献回顾

（一）票据利率联动相关的文献

钟俊等（2015）从票据的资金属性视角出发，使用2013年6月初至2014年末的票据价格数据和线上资金价格数据，对票据价格的影响因素进行了实证研究，发现信贷规模因素对票据价格的影响并不明显，而资金价格却对票据价格

中国利率体系总览（箭头代表资金流向）

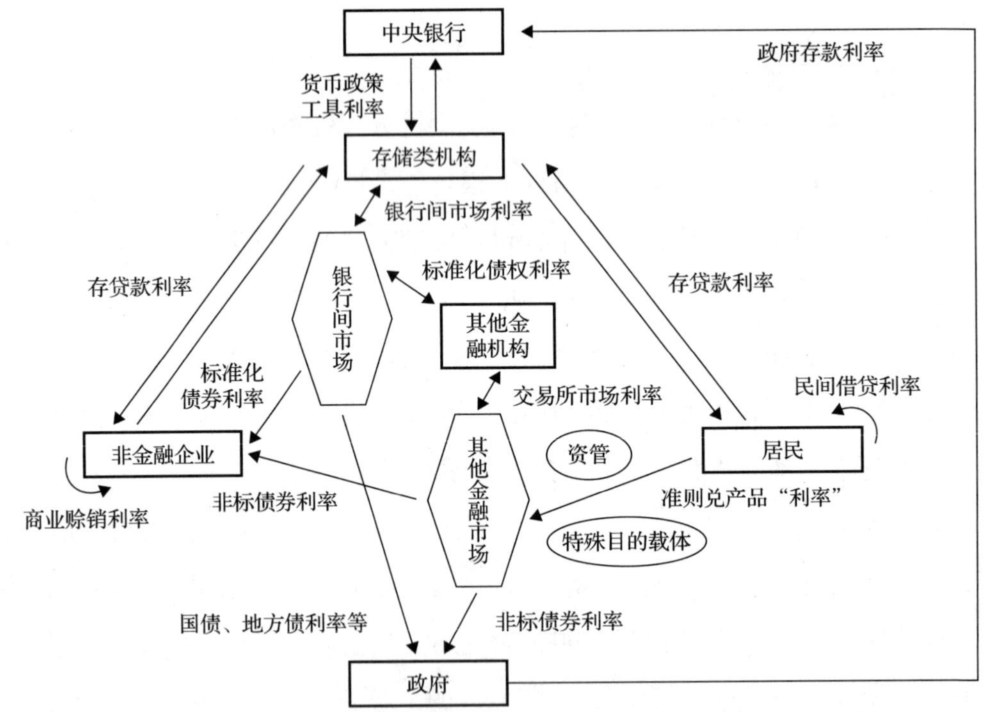

图1　我国推进利率市场化改革体系总览

影响显著，其中3个月期同业拆借资金利率的影响尤为突出。肖小和等(2017)认为票据市场是我国货币市场的重要组成部分，连接实体经济和资金市场。吕品（2018）研究结果表明票据贴现利率、短期融资券发行利率之间均存在显著的成本相关关系。

（二）文献评述与本文创新

银行间市场，在调节流动性、传导货币政策、推动利率市场化改革方面发挥了重要作用，是我国货币市场的主要市场。以往研究主要是基于融资工具在银行间交易投资的角度，研究票据、债券、同业存单市场的关联性。本文的贡献主要体现在三个方面：第一，针对银行间资金流动性系统研究票据市场关系；第二，创新性构造变量，包括反映资金流动性情绪的变量，以及反映央行公开市场操作以及对银行间经济活动的控制的超额储备金率变量，实证定量评估银行间资金面松紧对票据转贴现利率的影响；第三，对票据市场价格的影响因素和形成机制作了进一步探讨，对未来深化利率市场化改革以及票据市场价格形成机制的发展进行了有益的学术研究补充。

三、实证检验与结果分析

（一）研究方法

银行间各类资金利率与票据利率变动的相互影响，建立向量自回归（Vector Autoregression， VAR）模型，VAR系数反映了市场之间在均值水平的相互作用，实证分析银行间资金流动性状况对6个月票据转贴利率的动态冲击传导效应。

（二）数据选取与变量设置

本文所有数据区间均取自2017年1月1日到2019年8月31日的研究期间，运用每个交易日的数据，使用R软件进行数据分析，并按照以下设置进行样本处理：

1. 票利率数据，借鉴国内已有的研究成果，选取6个月票据转贴利率，作为票据利率的代理变量。

2. 银行间市场流动性，为反映资金流动性情绪的变量，选取交银银行间市场流动性指数（IBLI）和R007与DR007利率差值，作为代理变量。其中R007是指银行间市场7天回购利率，DR007是指银行间存款类金融机构以利率债为质押的7天期回购利率。从整个金融市场看，R007与DR007利率差值反映资金利率从银行到非银机构传导，实际上说明了银行间回购资金是否相对充足与投资者对资金流动性情绪的变化。

3. 当前的商业银行大都实行 “部分准备金制度”，反映银行间资金面松紧状况的主要指标之一是超额准备金率，简称超储率， 超储率目前中国人民银行

表1　变量描述性定义

变量代码	变量描述
PJZTLL_6m	6个月期票据转贴利率，票据利率的代理变量，作为因变量
DR001	银行间存款类金融机构以利率债为质押的1天期回购利率
DR007	银行间存款类金融机构以利率债为质押的7天期回购利率
R-DR	R007与DR007利率差值，反映银行间回购资金是否相对充足与对资金流动性情绪的变化
Reserve_rate	估算超额存款准备金率，反映央行公开市场操作以及对银行间经济活动的控制
SHIBOR3M	Shibor利率，票据转贴的收益率锚定银行间的同业收益率的代表
NCD_3(6)M/	同业存单利率，票据转贴的收益率锚定银行间的同业收益率的代表利率之一
IBLI	交银银行间市场流动性指数，反映当前银行间市场整体流动性状况，以及情绪面的综合性指数
CGSDC_GBindex_1Y	1年期中债国债到期收益率，银行间债券收益率代理指标
FR007_3M	均值3个月FR007利率互换定盘曲线利率
Shibor3M_interestswap	Shibor3M利率互换定盘曲线均值：1年，银行间衍生品利率水平代理指标

只公布季度数据。本文推导估算公式如下：银行间基础货币变化量=外汇占款变化量+央行公开市场操作的变化量-财政存款变化量-银行库存现金和M0的变化量—（央票）-法定存款准备金变化量。将估算的每月月度数据，与其他利率日度数据匹配一起。

4. 交易所资金和银行间资金利率有一致性，本文对银行间市场进行实证检验时不再单独选取交易所资金利率。其余变量参见下文变量描述性定义，剔除交易日不同的数据，然后分别对样本取对数收益率。

（三）实证检验

本文借鉴Fisher（1959）的做法，首先构建如下广义线性回归（GLM）：

$$PJZTLL\_6m_i=\alpha+\beta_1 DR001_i+\beta_2 DR007_i+\beta_3 SHIBOR3M_i+\beta_4 NCD\_3M_i+\beta_5 NCD\_6M_i+\beta_6 CGSDC\_GBindex\_1Y_i+\beta_7 FR007\_3M_i+\beta_8 Shibor3M\_interestswap_i+\beta_9 Reserve\_rate+\beta_{10} R\text{-}DR_i+\beta_{11} IBLI+\varepsilon_i$$

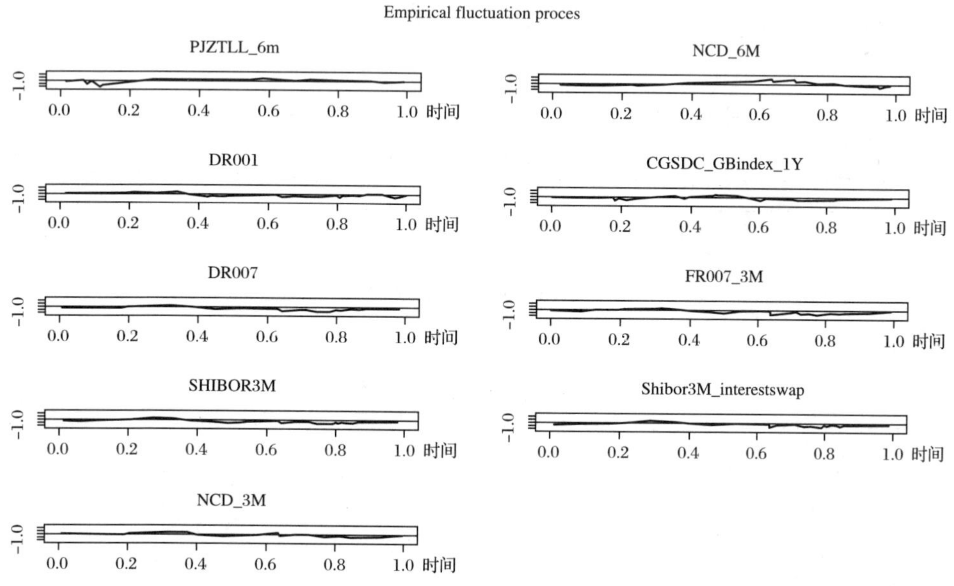

图2 OLS-CUSUM模型稳定性检验

单位根检验显示，研究变量分布都在单位圆内，各变量都是平稳的，根据确定滞后阶数的信息准则法（AIC滞后三阶显著），确定滞后阶数为滞后三阶。这里也使用OLS-CUSUM方法，它给出的是残差累积和，在该检验生成的曲线中，残差累积和曲线以时间为横坐标，图中绘出两条临界线，如果累积和超出了这两条临界线，则说明参数不具有稳定性，结果显示本文模型具有稳定性。

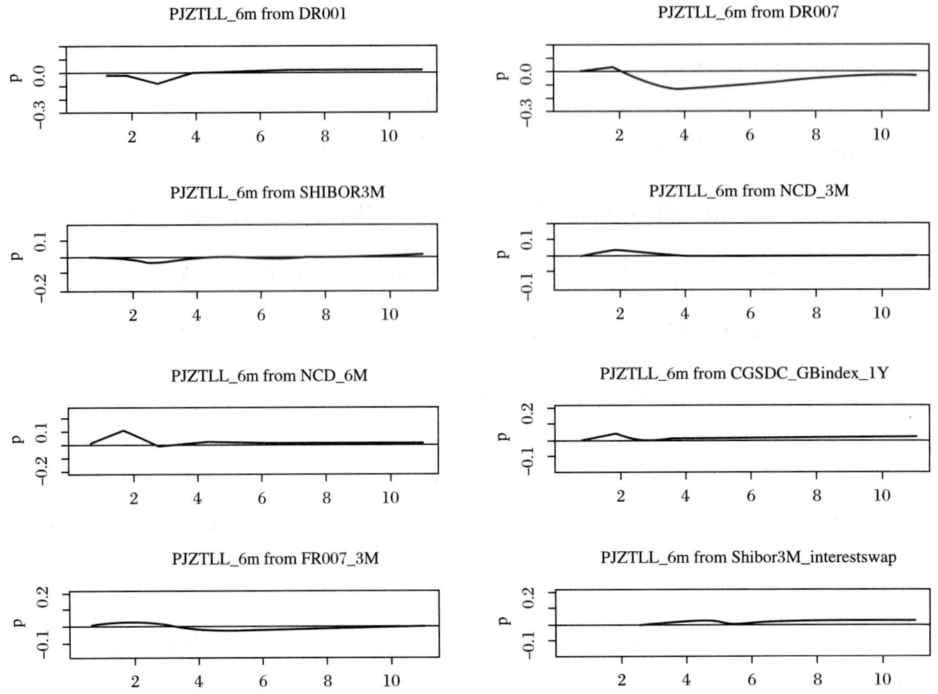

图3 脉冲响应分析

表2 VAR模型估计结果表（截取）

自变量	估计系数	p值
(Intercept)	-1.6034	0.0948
DR001	-0.1349	0.5263
DR007	1.3010	0.0147

续表

自变量	估计系数	p值
SHIBOR3M	0.3996	0.2846
NCD_3M	-0.3732	0.1811
NCD_6M	0.2049	0.2982
CGSDC_GBindex_1Y	0.9444	0.0080
FR007_3M	-0.9961	0.1913
Shibor3M_interestswap	0.3833	0.5294
Reserve_rate	-0.0024	0.0484
R-DR	0.01245	0.1456
IBLI	0.0009	0.2677

（四）结果分析

第一，向量自回归模型结果显示，1年期中债国债到期收益率、估算超额存款准备金率、DR007均在90%的置信度，对6个月期票据转贴利率解释是显著的。特别是7天期银行间市场质押式回购利率，能够在一定程度上反映货币政策意图，从理论上讲，如果政策意图使流动性环境趋于宽松时，票据利率应随之下行，其次可能是DR007成为票据市场新的“利率锚”。超储率与票据利率回归系数为负，且检验结果显著。超储率相对规模已被广泛视作衡量银行体系流动性情况的指标。银行系统的超储率下降，导致金融机构融出意愿下降，融出程度降低，市场资金流动性相对紧张，票据价格中枢上移。R-DR、IBLI等银行间实际流动性情绪指标，从检验结果看，与票据利率没有统计意义上的显著关系，其不反映情绪面的状况，可能原因是票交所的建立，使票据市场信息透明度提高，不同信用主体的票据价格发现功能被逐步释放，减少了交易的摩擦成本，票据市场参与者对市场情绪面的关注与纸票时代的OTC市场有了明显的变化。

第二，从脉冲响应分析结果看，流动性指标自身因素的冲击响应正向和负向都有。可能的解释是流动性具有一定黏性，如以资金面紧张为例，预期一旦形成，即使当前有利好消息也会被累计负面影响抵消，除非做实资金面宽松的预期，以反向的较大脉冲响应抵消前几期的影响。一定程度上票据转贴利率则锚定银行间的同业收益率（如同业存单），票据利率走势在趋势上与以NCD为代表的资金利率走势基本同步。DR007对票据转贴现利率冲击呈现先正后负的响应。在DR007提高后，存在2天的时滞期，然后产生负向响应，第4天响应峰值后，负向作用迅速减小，并在较长时期里延续。利率衍生品市场可以提前判断票据利率的走势。基于Shibor 3M报价的1年期利率互换品种交易活跃，其所对应的定盘曲线对于票据利率走势有一定的前瞻性，其脉冲响应小幅为正，在实务中可以借助该工具提前判断利率的走势。

四、结论与政策建议

第一，2018年以来明显的“利率双轨”现象。所说的利率价格双轨制，即管制价格偏低（如存款、OMO价格）与非管制价格偏高（市场化融资）。一方面，金融市场利率，包括短期的货币市场利率（以7天期回购利率为代表）和长期的国债利率（以10年期国债利率为代表）走低；另一方面，从量和价两个方面看，银行体系的流动性均保持了合理充裕流动性总量上的宽松，未能带动实体经济的好转。监管层应继续配合出台具体措施，以期引导货币政策达到预期效果，实现支援实体经济和小微企业的目的。

第二，票交所的设立使转贴现市场参与者身份透明化，归集转贴现交易的所有数据，现在所有银行贴现、转贴现的交易信息都已归集票交所系统，票交所在推出收益率曲线基础上，继续推出“中国票据价格（利率）指数”以及“全国银行间转贴现市场价格（利率）指数”，为货币市场提供利率定价的基准参考，以此作为中国货币市场的利率锚，并建立以央行再贴现利率为上限，超额存款准备金利率为下限的票据市场利率走廊。

第三，与Shibor相比，票据转贴现利率也可以反映银行间市场的资金价格，DR007正在成为票据市场新的“利率锚”。进一步理顺从央行政策利率到各类市场基准利率，从货币市场到债券市场再到信贷市场，进而向其他市场利率乃至实体经济的传导渠道，形成一个以市场为主体、央行为主导、各类金融市场为主线、辐射整个金融市场的利率形成、传导和调控机制。

参考文献

[1] 陈卫东，曾一村，付萱. 票据与同业存单、短期融资券价格的驱动因子及相关性分析 [J]. 上海金融，2017(7):70-74.

[2] 吕品. 票据融资市场与债券融资市场的连动性研究 [C]// 探索与争鸣——中国票据研究中心首届征文获奖论文集. 北京：中国金融出版社有限公司，2019.

[3] 马骏，纪敏. 新货币政策框架下的利率传导机制 [J]. 中国城市金融，2016(12):16-21.

[4] 上海票据交易所. 2019 年上半年票据市场运行情况 [EB/OL]. https: // new. qq. com/rain/a/20190730A0B95C，2019.

[5] 钟俊，左志方，王成涛. 票据价格的影响因素研究——基于票据的资金属性视角 [J]. 南方金融，2015(7):60-67.

[6] 张立洲. 票据革命 [M]. 北京：中信出版社，2019.

[7] 中国人民银行金融稳定分析小组. 中国金融稳定报告（2018）[M]. 北京：中国金融出版社，2018.

LPR变革与票据定价机制

肖小和　王成涛①

[摘　要] 2019年8月17日，央行公告改革贷款市场报价利率形成机制，调整了LPR报价频率、参考基准、报价行类型、期限品种等，明确提出将加强报价监督管理，对报价质量进行考核，督促各银行运用LPR定价，严肃处理设定贷款利率隐性下限等违规行为，LPR相关行为纳入宏观审慎评估体系（MPA）。LPR变革的标的资产在于“贷款”，而非“信贷属性正被剥离、规模与职能错位、交易属性更强”的票据，两者的定价机制并不一致。LPR新规并不能直接作用于票据，而是需要依赖信贷调节与流动性管理的间接传导。共同的决策起点会分两条线影响贷款定价与票据定价，最终多路径贯彻监管意图。考虑到LPR变革的目的、国际经验等，本文还对“票据能否成为LPR基准”与“票据利率走廊”等问题进行了展望。希望央行能考虑将市场化几乎完成的票据利率作为LPR或贷款定价的短期基准，同时以票交所为新阵地，再造“公开市场操作”体系，最终实现打通货币政策传导机制的目的。

[关键词] LPR；票据定价；货币政策

① 作者单位：江西财经大学九银票据研究院。

一、LPR新形成机制

（一）旧的LPR：“双轨”格局长期存在

从20世纪90年代开始，我国开始推进利率市场化改革。银行间各类市场先后建立，存贷利率管制也有所放开，由此产生了市场化利率和存贷款基准利率的“双轨”格局。资产属性的差异导致不同市场相对隔离，商业银行贷款定价仍长期坚持政策导向，金融市场对信贷市场的利率传导并不顺畅。在此背景下，为推进利率并轨、疏通货币政策传导机制、培育市场化的贷款定价机制，央行于2013年10月启动了贷款市场报价利率（LPR）集中报价和发布机制。然而，LPR的推出并没有解决“利率双规”问题。存贷款利率上下限虽已放开，但基准利率仍然存在，并持续被作为定价坐标。个别银行甚至通过协同行为以贷款基准利率的一定倍数（如0.9倍）设定隐性下限，对市场利率向实体经济传导形成了阻碍。

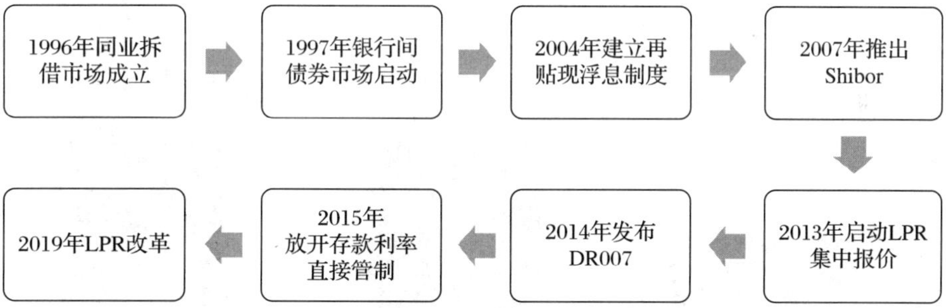

图1 利率市场化改革进程

（二）变革：新机制

为了解决前述问题，进一步促进贷款利率“两轨合一轨”，提高利率传导效率，推动降低实体经济融资成本，2019年8月17日，央行公告称，决定改革LPR形成机制。新机制调整了LPR报价频率、参考基准、报价行类型、期限品种等，明确提出将加强对贷款报价利率的监督管理，对报价质量进行考核，督促各银行运用LPR定价，严肃处理设定贷款利率隐性下限等违规行为，LPR相关行为纳入宏观审慎评估体系（MPA）。8月26日，国务院金融稳定发展委员会再次召开LPR会议，研究部署改革完善LPR形成机制工作。针对LPR应用，设定了3个考核时点和“358”目标，强调银行业金融机构不得通过协同设定贷款利率隐性下限，否则在MPA考核中实行“一票否决”制。

表1　新旧LPR定价机制对比

调整项目	旧LPR	新LPR	调整动机
报价频率	每日一次	每月一次（20日）	提高重视程度
参考基准	贷款基准利率	公开市场操作利率	提高市场化程度
报价行类型	10家全国性银行	扩容至18家，包括中小机构	提高报价代表性
期限品种	一个品种：1年期	两个品种：1年期和5年期	中长期坐标扩容

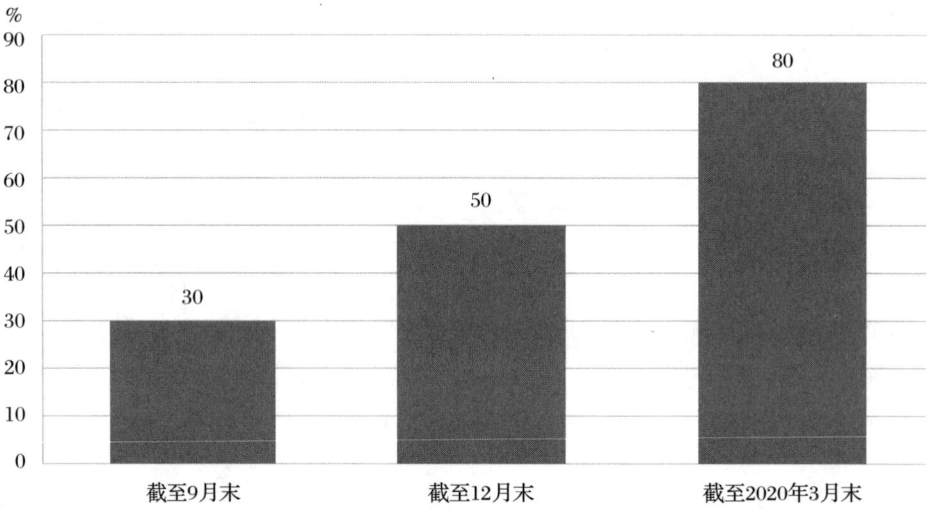

图2　新发贷款中LPR应用比例考核时点及最低下限

（三）新旧LPR的标的：信贷资产

需要明确的是，LPR变革针对的是信贷资产定价。因此，对信贷资产范围的严格界定意义重大，这决定了哪些资产需要满足监管要求。普遍认为，有关信贷资产的最初界定源于《贷款通则》。但该文件颁布于20世纪90年代，很快脱离市场实际，不断被发起修订或废除讨论，多项内容已经被通过其他法律、部门规章、交易规则等所替代，且获得了认可。实务中，1104报表将贷款分为企业单位贷款、私营及个体经营贷款、个人消费贷款、银团贷款、信用卡透支、票据融资（含贴现）、贸易融资、融资租赁、各项垫款（承兑垫款、贴现垫款、担保垫款、信用证垫款、其他垫款）、从企事业单位买入返售资产等。考虑属性的变化，本文下述“贷款”均不包括票据。

二、不太一样的票据

除《贷款通则》外，票据信贷属性主要源自各类统计规则。根据银发〔1997〕216号文，贴现人应当将贴现、转贴现纳入其信贷总量并在存贷比例内考核。1104报表中，该口径贷款被进一步明确，贴现、转贴现和再贴现业务款项均被纳入。非回购式的转贴现和再贴现业务，卖出方应在本项目中扣减，买入方应在本项目增进。银发〔2014〕127号文也规定“卖出回购方不得将业务项下的金融资产从资产负债表转出”，票据信贷属性又被进一步强化。

（一）票据信贷属性的争议与剥离

整体上，票据信贷属性目前仅停留在部分统计口径中。早在2001年，中国人民银行就下发了银发〔2001〕236号文，要求将票据贴现与转贴现实行单独考核，“票据融资”不再计入金融机构存贷比例考核。但基于种种原因，实务中两者仍然被计入贷款规模，由此不断引发商业银行进行“创新”。有关《贷款通则》，2004年，央行等发布修订征求意见稿，删除了“贴现”字眼。2008年，又再次向国务院建议废除《贷款通则》。2018年初，中国人民银行对2017年前的规章和规范性文件进行清理，《贷款通则》被移出有效规章目录，形成事实上的废除。

从发展趋势看，这种属性也在被加码弱化。宏观层面，存贷比从监管指标转化成了监测指标，广义信贷被引入商业银行管理，使传统信贷的约束意义越来越小。实务中，非银行金融机构首先通过线下收益权转让方式切入票据市场，票交所成立后，直接被准入。标准化票据推出后，票据资产直接被转化成了受益凭证，彻底摆脱了信贷资产嫌疑。实际上，即使是统计口径，有关票据属性的思维也并不统一。1104报表填报中，票据、债券、贷款常并列存在，资管统计新规中票据被划入“债务证券”，基金业协会备案系统近期也将承兑票据单列出信贷资产。

（二）票据规模与职能的错位

资产格局中传统贷款一枝独秀。根据Wind数据，无论是多元化银行，抑或区域性银行，资产配置中占比最高的都是发放贷款及垫款、有价证券及投资、债券投资、存放中央银行款项等。在大的资产配置格局上，各行基本保持一致。这其中，传统贷款居高临下。以信贷收支表为例，在全部资金运用中，内含有票据贴现与转贴现的各项贷款科目占比在50%~60%，远超其他项目。随着信贷投放的加码，2017年后，该占比甚至有所提升，达到近年顶峰。

票据资产规模与应有地位不一致。在各类票据资产中，传统票据回购与票据资管规模较小，票据融资（贴现与转贴现）配置占据主导地位。票据融资在各项贷款中占比虽因机构类型不同有所分化，但整体占比较低。大型银行票据融资在各项贷款中占比在1%~5%，占比均值3%。中小型金融机构对票据资产更为依赖，城商行与农商行票据融资在贷款中占比维持在5%~10%，均值在7%左右。结合贷款在总资金运用中的比例，不考虑票据回购、票据资管等，贷款口径票据在全部资金运作中占比约在5%以下，远远低于20%左右的债券占比。这一规模和票据即将标准化的市场地位，以及其在行内发挥的实际职能严重不匹配。从全市场看，票据是除债券外，最接近标准化的资产品种。即使在商业银行内部，除配合规模调控外，票据也承担了落实监管政策、协助流动性管理、建设交易型银行等职能。

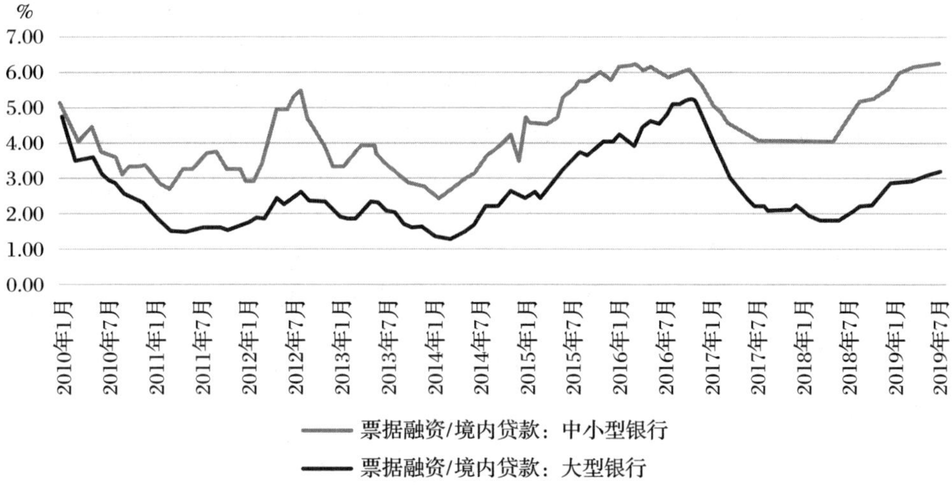

图3 票据在贷款中占比：大中型银行在3%左右

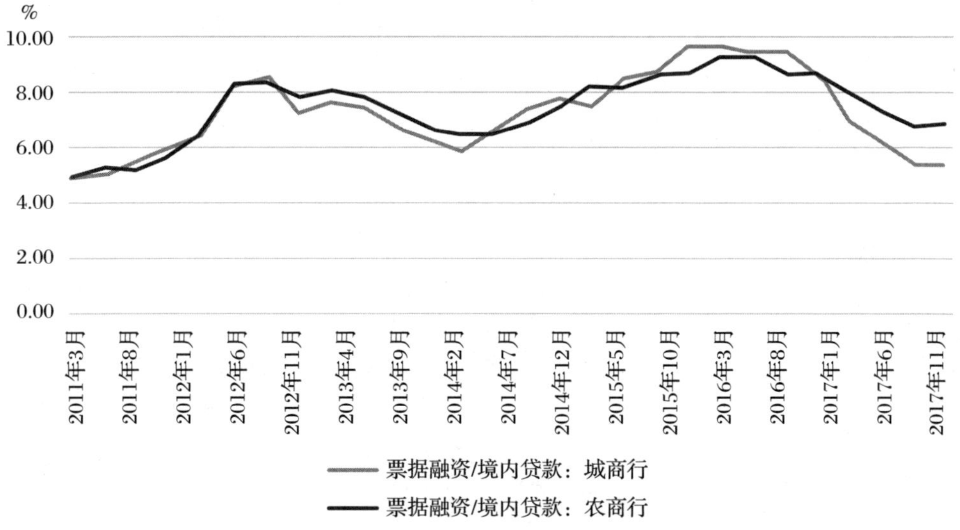

图4 票据融资在贷款中占比：均值7%左右

（三）越来越明显的资金化趋势

交易型票据同比增速最快。从绝对金额看，票据转贴现仍然主导着整个市场，月发生额在2万亿~4万亿元，其余品种相对较少，常态月发生额区间在0.6万亿~1.2万亿元。回购/转贴现比值先是徘徊在20%左右，2019年后飙升至40%

附近。从增速对比看，趋势更加明显。质押式回购发生额同比增速最高，长期维持在100%附近，远远高于承兑、贴现、转贴现发生额同比增速。以2019年7月为例，前者同比增速高达85%，后三者仅为7%、14%和27%。不过，对比债券市场，票据资金交易活跃度仍然较低。银行间债券质押式回购与银行间债券现券买卖比值长期在300%左右，远远高于20%左右的票据回购与转贴现比值，票据市场建设任重道远。

票价波动与货币市场利率走势基本一致。长期看来，资金成本与票据利率之间具有很强的相关性，而且资金期限越长，这种相关性越大。票据转贴现利率与线上1M资金价格波动保持高度一致。具体到不同时点，情况略有差异，贴现与转贴现仍归属贷款，受多种因素制约常被迫“倒挂”买卖。日常决策中，票据回购更加市场化，银行间债券回购利率已成了其主要报价基准，两者的关联性可能更高。2019年8月，票交所首创标准化票据，明确提到该产品可以在银行间债券市场流通。随着产品类型、规模、参与者的不断扩容，债券市场与票据市场实现自由流动，利率联动水平将会更加明显。

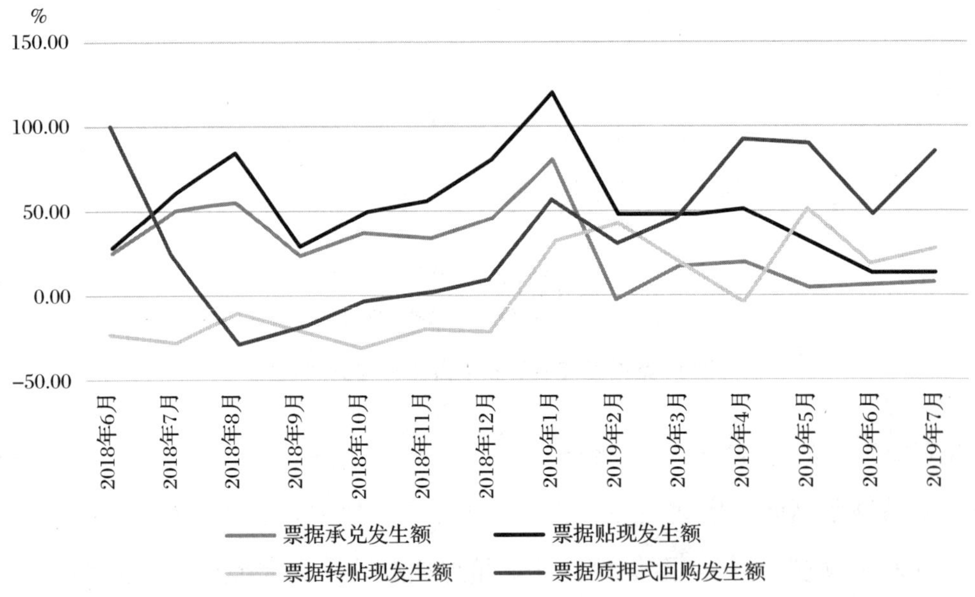

图5　电子银票：同比

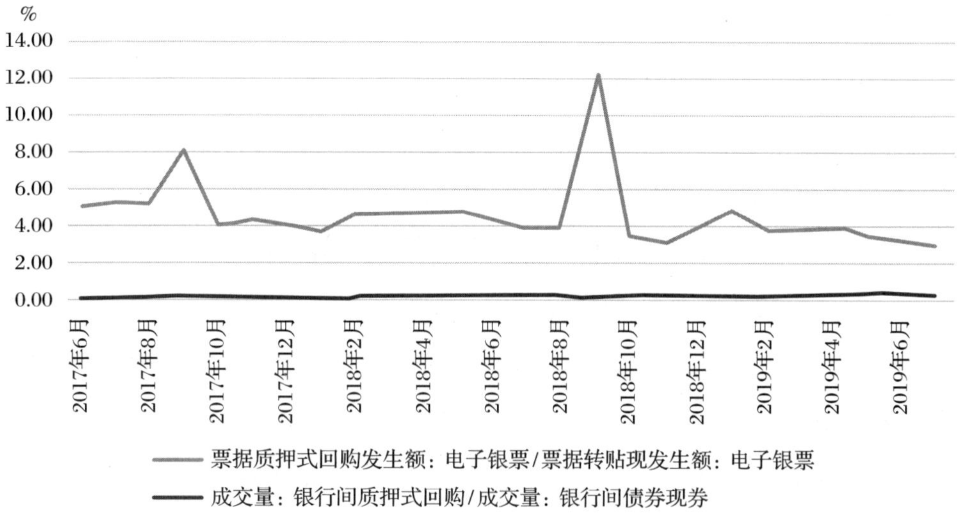

图6 回购与买卖断对比：票据市场任重道远

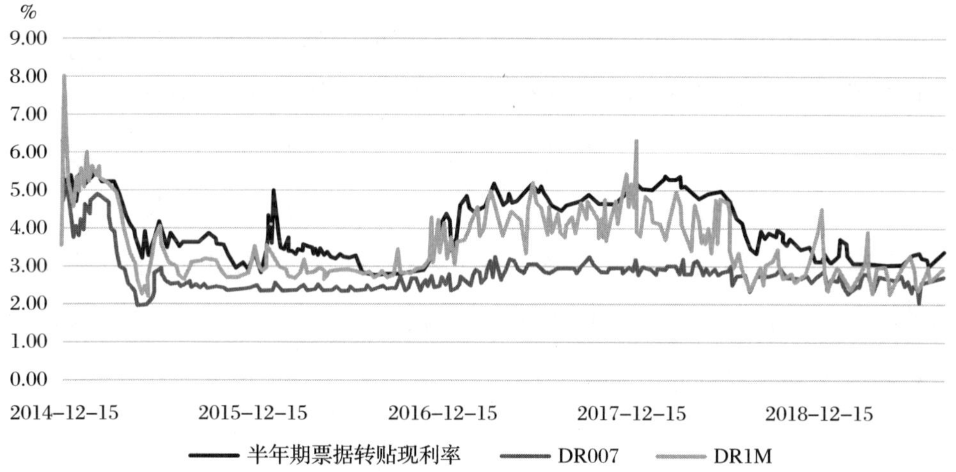

图7 转贴现利率与DR007、DR1M

三、票据与贷款定价差异

票据资产与其他贷款属性的差异导致了两者不同的定价机制。其他贷款长期把央行基准利率作为参考，票据定价则相对灵活，更多考虑的是市场的真实水平。LPR改革完成后，一般贷款定价基准将向LPR靠拢。同时，票据标准化的加速也将促使配置盘票据定价更加依赖票交所收益率曲线，交易盘票据则可能选择货币市场利率作为日常定价的基础。

（一）贷款定价：LPR将成为定价基准

实践中，贷款定价多采用基准加点或成本加点模式。前者以国有大型银行为主，以央行公布的基准利率为基础，结合定价对象分别确定不同的定价标准。通常，自然人贷款会根据贷款担保方式、贷款用途等确定利率浮动幅度；企事业单位贷款一般会对客户内部信用等级、行业前景、资本实力、担保方式、综合贡献度等进行综合评定，根据测定结果按得分多少确定贷款利率浮动幅度。成本加点法往往有赖于行内成熟的内部资金转移定价（FTP）体系，先制定商业银行内部资金价格，然后，再结合监管要求倒推基准加点值。

定价的关键在于基准的选择。此轮变革之前，利率双规长期存在，但货币市场利率波动频繁，LPR未能有效发挥中枢作用，贷款定价的主要依据仍然是基准利率。根据新要求，各银行在新发放的贷款中主要参考LPR定价，并在浮动利率贷款合同中采用LPR作为定价基准。中国人民银行将把银行的LPR应用情况及贷款利率竞争行为纳入MPA体系，督促各银行运用LPR定价，并制定了详尽的推进时间进度表。不久的将来，依赖LPR定价将成为市场新主流，商业银行对客报价方式将更加市场化。

（二）票据定价：票交所收益率曲线与资金价格正在成为新基准

票据利率逐渐与贷款利率脱钩。大致在2005年之前，票据贴现利率、再贴现利率实行与贷款利率、再贷款利率分别挂钩的“双挂钩”制度。其后，监管逐渐放松，再贴现利率不再与再贷款利率挂钩；贴现利率也不再与贷款利率绑定，而是参考再贴现利率制定；转贴现利率则有交易双方参考再贴现利率自主商定。央行通过调整再贴现利率来引导贴现、转贴现利率。受货币政策调整环境影响，再贴现利率调整缓慢，而转贴现交易活跃，逐渐成为票据定价中枢。

类标准化属性决定了转贴现定价方式的多元化。总的看来，大致包括基准加点、竞价模式、机会成本报价、关系定价等模式。竞价模式多适用于国有大型银行，其业务覆盖面广、议价能力强，通过竞价更能找到合适票源，机会成本定价与关系定价不具有普适性，市场主流仍以基准加点为票据定价主模式。不过，票据基准的选择和其他贷款市场不同，政策性的再贴现利率指导意义较弱，其更多体现的是票据市场化的交易特征。

转贴现定价通常包括信用主体分类、确定定价基准、调整加减点3个环节。首先，金融机构会对票据信用主体进行分类，一般包括国有银行、大城商行、小城商行、非银金融机构等。其次，寻找票据定价基准。多数机构会以行内FTP或指导价、外部基准等作为坐标。2018年之前，外部基准多选择上海银行间同业拆放利率（Shibor）或银行间回购利率。收益率曲线公布后，国有银票转贴现利率受到重视，票据回购则更多参考银行间短期资金价格。最后，会结合信用主体类型、票据剩余期限、市场预期等进行最终定价。

四、可能的价格传导路径

前已述及，虽同属信贷资产，但票据交易属性更强，这导致了两者定价机

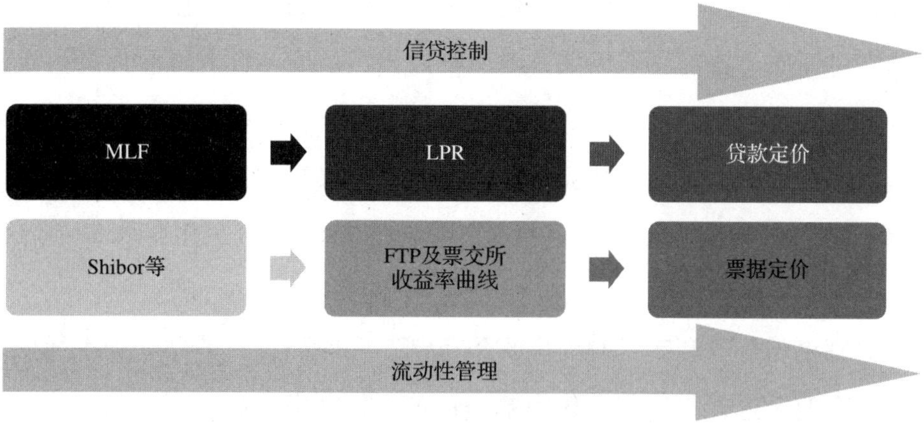

图8 贷款资产与票据资产定价机制

制截然不同。贷款定价以LPR为基准，央行要求逐步落地。票据定价，基准多选择内部FTP或外部收益率曲线。因此，中期借贷便利（MLF）与LPR的变动并不能直接作用于票据。尽管如此，LPR变革对票据价格变动仍有启示意义，两者面临着同样的决策起点和落脚点。前者为信贷调控或流动性管理，后者为降低企业融资成本。本文把前端行为逻辑作为分析LPR和票据定价关系的出发点。

（一）信贷调控：LPR利率影响贷款价格，规模总量通过影响票据价格

LPR政策利率影响贷款价格

社会融资总量中，新增人民币贷款占据绝对主导地位。通常，中国人民银行会通过调整货币政策引导利率下行，以窗口指导控制信贷总量。此次LPR改革，明确要求以公开市场操作利率取代贷款基准利率作为LPR报价基础。主要金融机构2019年9月末新发放贷款中，应用LPR作为定价基准的比例不少于30%，12月末不少于50%，2020年3月末不少于80%。因此，未来更可能的场景是，先由央行调整MLF利率，然后LPR出现变化，最终传导至贷款定价。

信贷规模控制影响票据价格。对票据而言，MLF利率变化并不能直接传导至票据利率，票价变化更可能源自信贷总量调节。目前，一般贷款不良偏高、流动性较差，通过票据调节信贷规模成了金融机构的主要手段。同时，票据具有延期支付性质，融资利率较低，电子汇票推广后安全性大幅度提高，选择票据融资也更契合企业需求。信贷总量需求出现变化会直接左右票据供求关系，进而影响票据利率。通常，社会融资出现萎缩，央行会要求加码信贷投放，票据买方发力，票据利率因此会被拉低。反之，社会融资过度扩张，会收缩信贷，票据利率可能出现回升。

票据利率与贷款利率具有内生收敛机制。一般而言，若贴现利率远低于贷款利率，企业会选择将流贷转化为票据；若票据利率远高于贷款利率，企业会质押票据融资获取流贷。这将会导致票据供求或贷款供求关系出现变化，降低

两者之间的价格差异水平。但这种作用的发挥，与商业银行盈利需求相悖，传导并不顺畅。因此，在大多数时间内，票据利率仍然低于其他贷款利率，并没有最终趋同，这也应是票据资产逐渐标准化的结果之一。

（二）流动性管理：调剂资金余缺，影响政策利率或票据供求

资金余缺情况会影响政策利率。MLF是央行提供中期基础货币的政策工具，操作以招标方式开展，需质押合格优质债券。推出MLF最初是为了应对外汇占款的不断降低，目前已经演化成可以针对不特定情景下资金紧张局势而续作的工具。在各类货币政策工具中，MLF占据重要地位，余额长期远超常备借贷便利和抵押补充贷款。此次改革，以MLF作为LPR定价基准，势必会对MLF未来操作的频率、金额、利率产生深远影响。如果资金面紧张，MLF总量或会再扩张，利率调低，LPR价格也会随之拉低，最终传导至贷款利率。反之，资金宽松，或会调高MLF利率，贷款利率定价基础也会因此抬升。同时，MLF调控会引导货币市场利率走向，间接影响金融机构FTP，基准变化接着会导致票据定价变化。

流动性管理影响票据供求关系。监管体系中，票据被排斥在合格优质流动

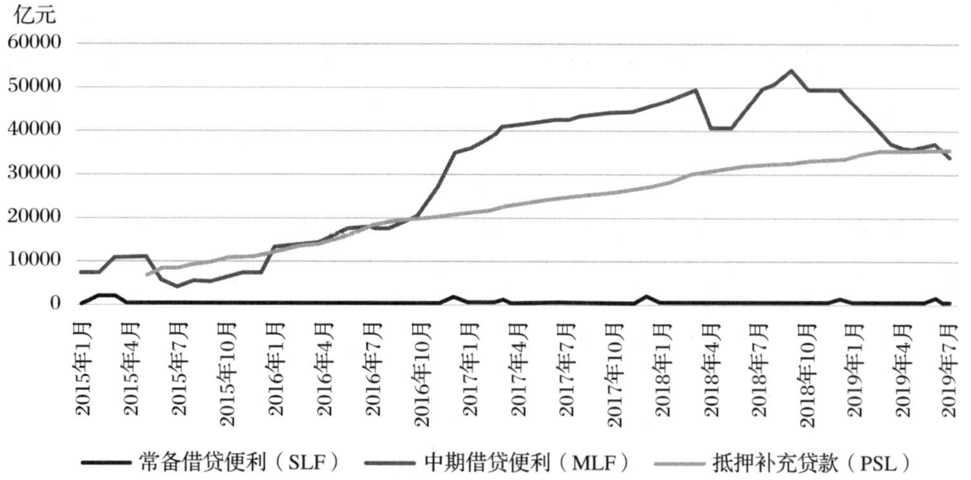

图9 货币政策工具期末余额

性资产之外，多以“备付”身份出现，常规的流动性管理通常以可质押债券为核心，满足“头寸调配、稳定经营、压力情景”下多方需求。实务中，基于管理水平差异、偏好习惯、流动性较高等原因，票据常被用于配合全行完成流动性管理或满足应急需求。票据标准化进程中，部分金融机构甚至将票据回购划归至资金中心。资金紧张时点，中国人民银行会通过补充资金流或调降政策利率来引导市场回归理性。金融机构本身也会启动应急机制，卖出票据有时会是其中一项，此时卖方发力，会助推票据利率走高。反之，资金宽松会降低票据溢价需求，买方发力导致票价走低。

五、市场前瞻

（一）票据能否成为LPR基准？

作为信贷资产的组成部分，票据在不少时点充分发挥了填充贷款规模、降低企业融资成本的重要作用。相较于其他资产，票据利率水平更低，较早实现了集中交易、价值可估、交易透明，更能反映贷款利率的市场化水平。单纯从工具选择看，MLF属于公开市场操作范畴，票据本身也是传统货币政策工具，但前者多以高等级债券做质押，体现的更多是央行的流动性管理意图。因此，以某种期限的票据利率作为LPR或贷款基准或许更能体现、运用利率市场化的成果，更能直接传达“两增两控”①意图，更能探索通过票据打通货币政策传导障碍的新路径。

票据标准化动作完成后，如果被纳入合格优质流动性资产，被允许向央行质押融资，通过票交所再造一个“公开市场”将有望实现。这种条件下，可以“贷款”（票据）资产为质押标的，进一步打造票据政策曲线。国际经验方

① “两增”即单户授信总额1000万元以下（含）小微企业贷款同比增速不低于各项贷款同比增速，贷款户数不低于上年同期水平；“两控”即合理控制小微企业贷款资产。

面，20世纪70年代美国利率市场化初期，商业票据市场地位提升，不少金融机构一度将LPR盯住90天商业票据利率。本文建议，可仿效债市，以标准化票据建设为契机，打造一个底层资产更广泛，期限为“7天、14天、28天、3个月、6个月”的标准化票据产品，允许以此向央行质押融资，然后以该利率作为LPR短期定价基准。

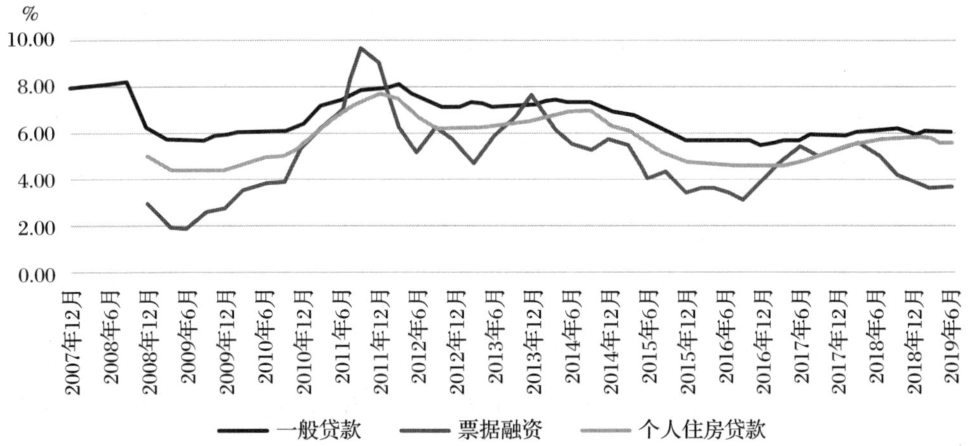

图10　金融机构人民币贷款加权平均利率：票据较低

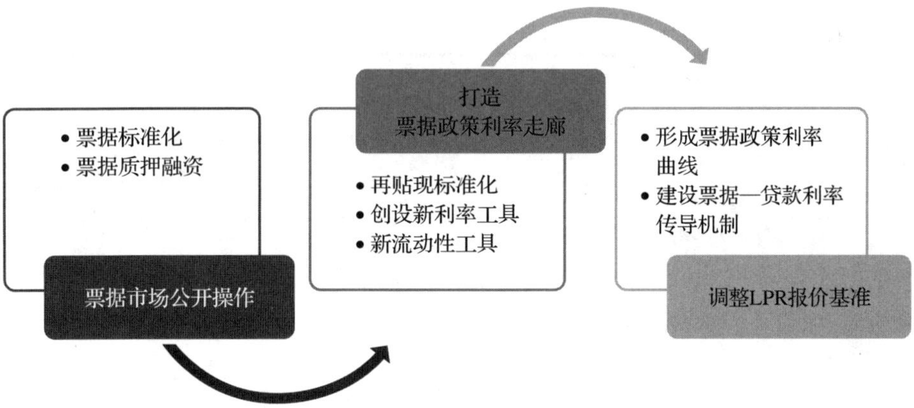

图11　再造公开市场：票据市场利率中枢建设

（二）能否搭建票据利率走廊？

目前，各国普遍搭建了利率走廊。我国也不例外，央行曾多次提及要“发挥利率走廊上限作用”，经过不断探索，已经初步形成了以超额存款准备金利率或短期公开市场操作利率为下限，以常备借贷便利（SLF）利率为上限的基本框架。考虑到票据信贷属性和资金属性的隔离，本文将潜在票价走廊分为票据投资和票据融资两类。前者偏向于贷款定价，后者针对回购，类似于货币市场资金交易。

票据投资上，信贷属性起主导作用，参考MLF或LPR更有意义。MLF本身起源于流动性调控，利率线常被票价突破，难以形成有效压力。LPR由MLF加点形成，同时又属于对最优贷款客户报价，考虑票据利率长期高于再贴现利率且低于一般贷款价格，可选择再贴现利率为走廊下限，LPR为走廊上限。

票据融资（回购）上，资金价格更有参考价值。根据票交所月度报告，截至2019年7月，质押式回购在票据交易中约占22%。这其中，主要集中在隔夜和7天期回购业务，两者占比分别为40.41%和 31.68%。在票交所政策利率体系尚未建立之前，大致可以把同期限公开市场操作利率和SLF利率作为票据融资上下波动的节点。

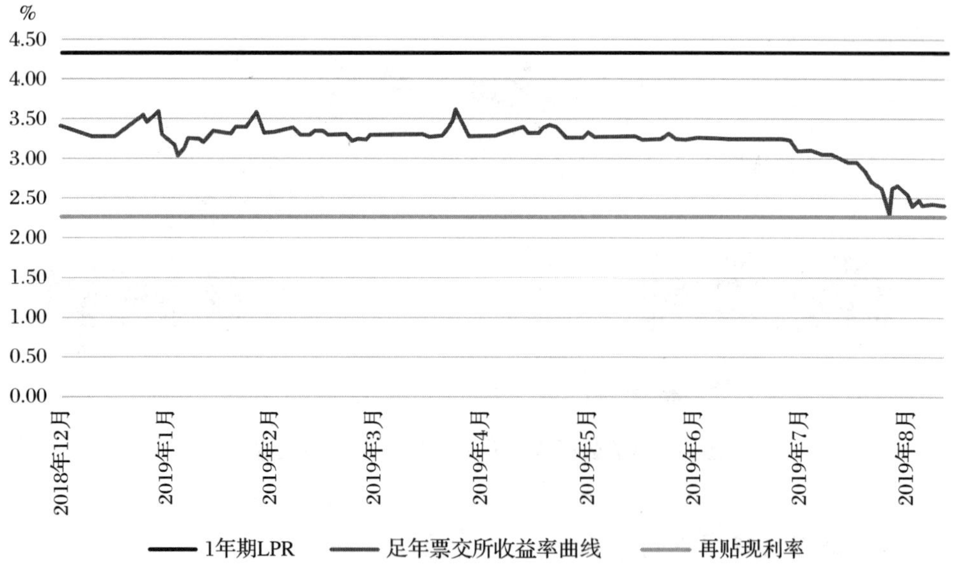

图12　票据投资利率走廊：再贴现利率与LPR

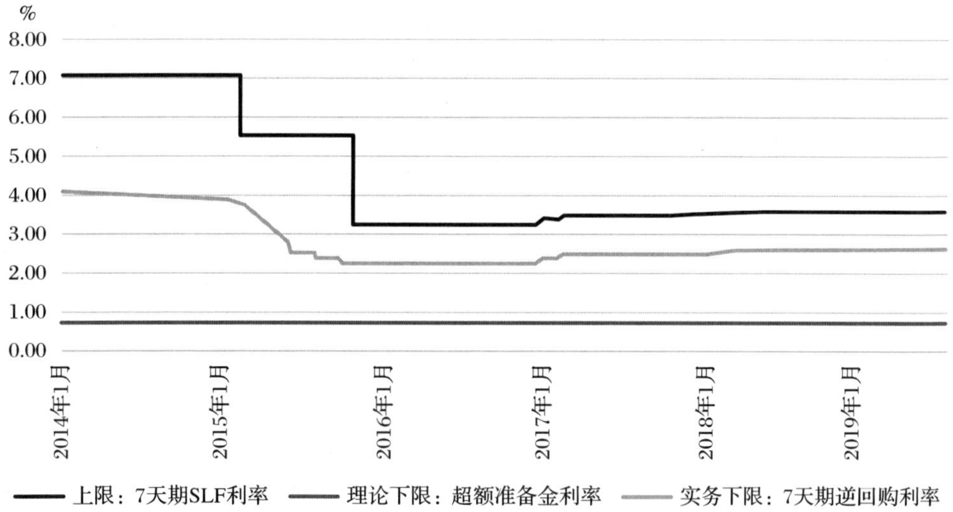

图13 票据融资（回购）利率走廊：逆回购与SLF利率

六、结语

总的看来，LPR变革意义重大。它将有效引导银行业推进贷款定价市场化，降低企业融资成本。作为票据人，需要认识到，LPR的标的资产在于“贷款”，而非信贷属性渐渐被剥离、规模与职能错位、交易属性更强的票据，两者的定价关系在很早之前就已经实现分离，新的定价机制并不一致。这种前提下，LPR变革并不能直接作用于票据，而是需要依赖信贷调节与流动性管理的间接传导。共同的决策起点会分两条线影响贷款定价与票据定价，最终多路径贯彻监管意图。本文希望，央行能考虑将市场化几乎完成的票据利率作为LPR或贷款定价的基准，同时以票交所为新阵地，再造一个“公开市场操作”体系，最终实现打通货币政策传导机制的目的。

票据市场利率研究

票据市场传导货币政策研究

曾一村　凌　典　谈　韵[①]

［摘　要］ 近年票据市场发展不断加快，基础建设逐步完善，其在传导货币政策过程中的作用日渐引发各方兴趣。本文立足货币政策工具角度，分析了票据市场传导货币政策的微观机制：再贴现通过提供基础货币、充当利率工具、作为金融机构流动性供给渠道、发挥信贷结构调整职能来传导货币政策，公开市场操作、存款准备金、常备借贷便利（SLF）、中期借贷便利（MLF）、定向中期借贷便利（TMLF）等工具通过影响银行体系资金的数量或利率变化，从而导致转贴现利率、贴现利率变化和商业银行票据融资科目扩张或收缩，进而传导货币政策，同时定向降准和TMLF具有与再贴现类似的结构调整功能，能够引导金融机构扩大小微及民营企业票据融资。数据分析发现，央行通过再贴现提供的基础货币数量有限，但近年逐步增加，再贴现利率能够较好地引导市场利率和再贴现量的变化，公开市场逆回购操作利率、存款准备金率、MLF操作利率的调整均能够有效传导至转贴现利率。本文还讨论了制约票据市场传导货币政策的因素，再贴现的功能定位、利率及操作方式，拓宽票据市场传导货币政策的路径等问题，并提出了对应政策建议。

［关键词］ 票据市场；货币政策；货币政策工具；再贴现

① 作者简介：曾一村，中国农业银行票据营业部研究发展部总经理；凌典，中国农业银行票据营业部研究发展部研究员；谈韵，中国农业银行票据营业部研究发展部研究员。

一、引言

近年，世界经济政治形势更加错综复杂，叠加国内经济新常态，经济的长期和短期、内部和外部等因素变化带来的风险挑战明显增多，特别是2018年以来，经济下行压力持续加大，实体经济有效融资需求下降的同时，小微及民营企业融资难问题突出，金融机构风险偏好下降，货币政策传导受到制约，政策调控难度有所加大，完善货币政策传导机制也成为学术界和实务界共同关心的重要话题。

相比一般信贷传导渠道，票据天然贴近小微及民营企业，利率市场化程度高，央行通过票据市场传导货币政策更加便利、快速、直接。2016年上海票据交易所（以下简称票交所）成立后，票据市场电子化、线上化、场内化、集中化水平不断提升，票交所再贴现系统成功运行，票据市场传导货币政策的路径更加通畅。2018年以来，央行持续发挥再贴现功能，多次增加再贴现额度支持小微及民营企业票据融资、强化对中小银行流动性支持。除再贴现工具外，公开市场操作、存款准备金以及常备借贷便利（SLF）、中期借贷便利（MLF）、定向中期借贷便利（TMLF）等政策工具也会通过影响票据市场来传导货币政策。

本文旨在系统研究票据市场传导货币政策的微观机制，验证票据市场传导货币政策的实际效果，并讨论进一步增强票据市场传导货币政策效果的途径。

二、文献回顾

秦池江（2000）较早论述了票据市场在传导货币政策中的作用，认为央行应开辟再贴现提供基础货币的渠道。张宗益和古旻（2010）实证发现央行货币政策操作可以影响票据市场利率，导致票据融资变化，最终影响总产出。更多学者对再贴现传导货币政策开展研究，主要聚焦在再贴现功能定位、利率、实务操作领域。再贴现功能方面，汪洋（2009）探讨了再贴现利率作为利率走廊上限的可能性，并提出取消再贴现额度限制；马贱阳（2011）认为从金融危机应对的国际经验来看，再贴现功能直接快捷，应加强和发挥再贴现的结构调整功能。再贴现利率方面，谢平（2004）认为，再贴现利率应满足中央银行贷款利率≥再贴现率≥货币市场利率，消除金融机构套利空间；王佑元等（2011）认为应在Shibor基础上加点确定再贴现利率，罗杰（2018）则认为应在Shibor基础上减点确定。实务操作领域，王景武（2013）认为应进一步扩宽再贴现窗口，优化再贴现实施环境，加强监测检查。

总体来看，已有研究文献缺乏票据市场全面传导货币政策机制的详尽阐述，且研究焦点集中在再贴现方面。随着货币政策框架转型、票据市场创新发展，票据市场传导货币政策问题值得重新审视研究。

三、票据市场传导货币政策的机制与实践分析

央行使用各类货币政策工具来传导货币政策。本文主要考察再贴现如何直接传导货币政策，以及公开市场操作、存款准备金和SLF、MLF、TMLF等工具如何通过影响票据市场来传导货币政策。

（一）再贴现

1. 再贴现传导货币政策的机制。再贴现是央行对金融机构持有的未到期已贴现票据予以贴现的行为。其在传导货币政策方面具有总量调整功能和结构调整功能。总量调整功能有三类：一是提供基础货币，调控宏观经济运行；二是充当利率工具，再贴现利率的调整一方面影响市场利率，发挥告示作用，引导市场预期，另一方面影响金融机构再贴现需求量变化，并导致金融机构资产扩张或收缩；三是作为金融机构流动性供给渠道。结构调整功能主要是指，央行通过再贴现引导金融机构信贷资金在不同产业、企业等领域的投向，促进信贷

结构调整，其运行机制：一是导流效应，央行设定“合格”票据的种类，通过票据选择影响金融机构的资金投向和信贷结构；二是成本效应，央行可要求金融机构对重点行业、薄弱领域企业的再贴现票据设定较低的贴现利率。

2. 再贴现传导货币政策实践的分析。

（1）再贴现对基础货币影响的分析。20世纪90年代中期以前，由于票据市场发展滞后，通过再贴现操作投放的基础货币有限（见图1），90年代后期，再贴现占基础货币比重快速提高，2000年存量、增量比重分别达到历史最高值3.4%、26.3%。2001—2008年，我国外汇占款迅速增长，成为基础货币最主要的投放渠道，央行有意控制再贴现量，三次上调再贴现利率，使其基本超过同业拆借利率，金融机构再贴现意愿整体大幅下降，这一阶段再贴现对基础货币投放整体为负向贡献，仅2003年在银行间流动性较紧张的情况下有较大正向贡献。2008年以来，央行逐步发挥再贴现的结构性调整功能，再贴现业务规模恢

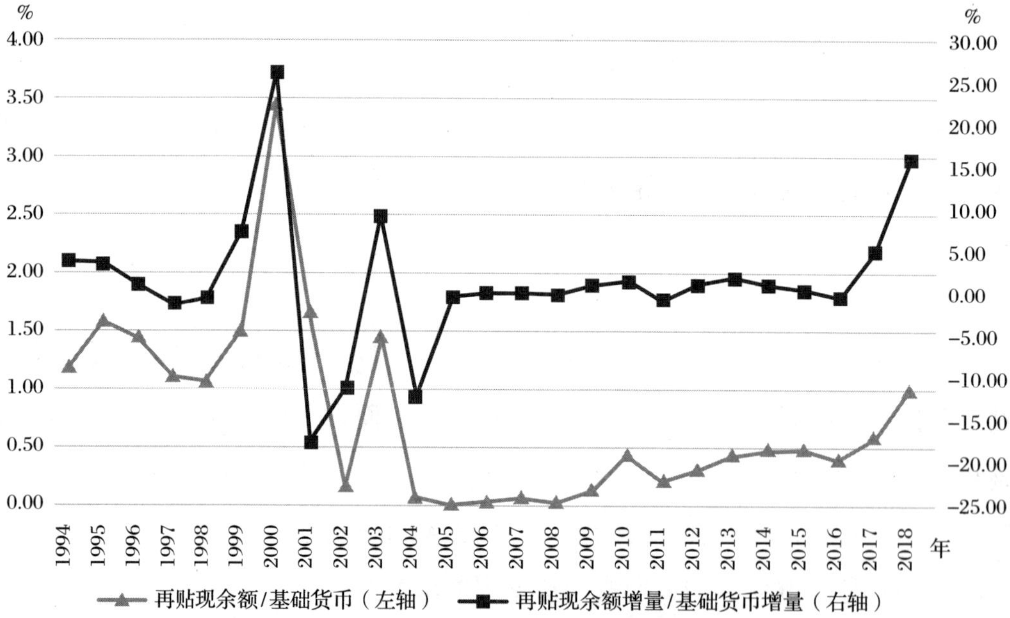

数据来源：中国人民银行货币政策执行报告、中国金融年鉴、Wind。

图1　再贴现占基础货币百分比（存量、增量）走势

复性增长，特别是2018年，再贴现投放的基础货币增量占比高达16.1%，显示出再贴现在货币政策工具中的作用持续凸显。

（2）再贴现利率对市场利率和再贴现量影响的分析。1998年之前，央行规定再贴现利率按照再贷款利率下浮5%~10%生成。1998年3月，央行改革再贴现利率生成机制，再贴现利率作为独立的基准利率开始发挥作用。2004年3月，央行开始实行再贷款（再贴现）浮息制度，明确再贴现利率以市场利率为基础确定。2010年12月以来，再贴现利率一直稳定在2.25%。

表1　再贴现利率调整一览

调整（设立）时间	再贴现利率（%）
1998年3月	6.03
1998年7月	4.32
1998年12月	3.96
1999年6月	2.16
2001年9月	2.97
2004年3月	3.24
2008年1月	4.32
2008年11月	2.97
2008年12月	1.80
2010年12月	2.25

数据来源：中国人民银行货币政策执行报告、中国金融年鉴。

从再贴现利率对市场利率的引导来看（见图2），1998年4月至2010年12月，再贴现利率的每次调整，基本都伴随着同业拆借利率同方向的变动，该时间段两者的相关系数达0.69。从再贴现利率对再贴现量的影响来看，1998年4月至2010年12月，再贴现利率的每次下调（上调），基本都引发了再贴现余额的上升（下降）。

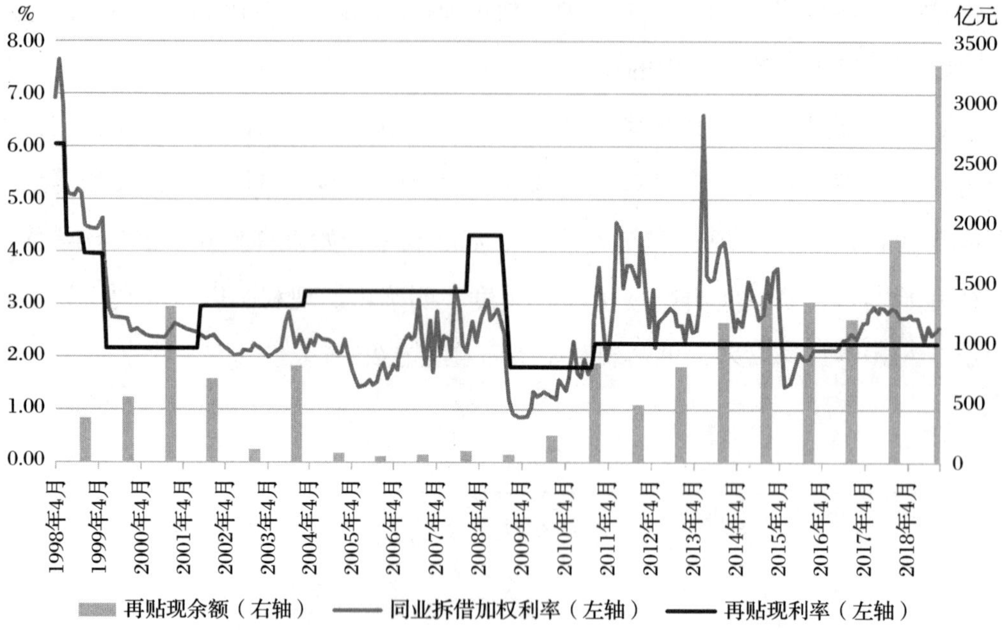

数据来源：2001年以来中国人民银行各季度货币政策执行报告、Wind资讯、孙国峰《第一排——中国金融改革的近距离思考》。

图2 月度同业拆借利率、再贴现利率及年末再贴现余额

（3）再贴现对金融机构流动性影响的分析。20世纪80~90年代，央行的再贷款再贴现对象主要集中在国有商业银行，中小金融机构资金融通较为困难，1999年，中国人民银行印发《关于改进和完善再贴现业务管理的通知》（银发〔1999〕320号），提出把再贴现作为缓解部分中小金融机构短期流动性不足的政策措施。2007年，随着宏观调控力度加大，部分中小金融机构的流动性趋紧，央行通过再贴现给予资金支持，2007年9月末再贴现余额56.1亿元，同比大幅增长162.1%。2013年6月，为有效缓解“钱荒”时期部分金融机构的流动性问题，央行增加再贴现额度120亿元，为符合宏观审慎要求的金融机构提供流动性。2019年5月同业信用事件发生后，央行加强对中小银行流动性支持，6月增加再贴现额度2000亿元。

（4）再贴现对资金投向和信贷结构影响的分析。导流效应方面，早在1994

年，央行即对“五行业、四品种”[①]领域专门安排100亿元再贴现限额。1997年，中国人民银行发布的《商业汇票承兑、贴现与再贴现管理暂行办法》（银发〔1997〕216号）规定，各授权窗口须按照总行不定期公布的再贴现优先支持的行业、企业和产品目录开展再贴现。2008年，《中国人民银行关于完善再贴现业务管理支持扩大“三农”和中小企业融资的通知》（银发〔2008〕385号）发布，要求优先对商业承兑汇票、涉农票据、中小金融机构等票据办理再贴现。2018年以来，央行要求对500万元以下的小微企业票据和涉农票据、直贴票据优先办理再贴现。成本效应方面，2018年，央行要求金融机构办理再贴现票据的小微企业票据贴现利率应低于该金融机构同期同档次的小微企业票据贴现加权平均利率。票交所披露的数据显示，2018年，再贴现电票的加权平均贴现利率低于总体电票加权平均贴现利率33个基点，再贴现纸票的加权平均贴现利率低于总体纸票加权平均贴现利率56个基点。

（二）公开市场操作

公开市场操作是央行为实现货币政策目标而采取的传统货币政策工具，操作标的为债券，操作品种主要是回购交易、现券交易和发行央票。近年来回购交易是操作最频繁的品种，期限以7天、14天和28天等为主，多为逆回购操作。公开市场操作能够通过影响票据利率、商业银行票据融资科目等路径来传导货币政策。

从票据利率路径来看，央行通过公开市场操作主动在银行间市场投放或回笼基础货币，能够改变货币市场的资金供求关系，影响转贴现利率，并最终影响企业贴现利率。其传导路径主要有两条：第一，转贴现是金融机构间常见的融通资金方式，公开市场操作数量的变化导致资金面相应变化，并直接影响转贴现利率；第二，公开市场操作的数量和利率的变化均会直接影响货币市场

① “五行业、四品种”是指煤炭、电力、冶金、化工、铁道和棉花、生猪、食糖、烟叶。

利率，由于货币市场利率一般是转贴现业务的资金成本（主流商业银行一般将Shibor、DR007等作为转贴现的内部资金转移定价参考利率），商业银行一般倾向于跟随货币市场利率调整转贴现利率。转贴现利率的调整将传导至贴现市场，影响企业贴现利率。从图3来看，6个月期转贴现利率与7天期Shibor整体走势较为相似，与公开市场7天期逆回购操作利率在重要时点的变化也趋于相同。2018年以来，公开市场逆回购操作利率趋于稳定，7天期Shibor由初期稳定高于7天期逆回购利率发展至以其为中枢窄幅波动，转贴现利率也在此过程中逐渐收敛于7天期Shibor中枢附近。

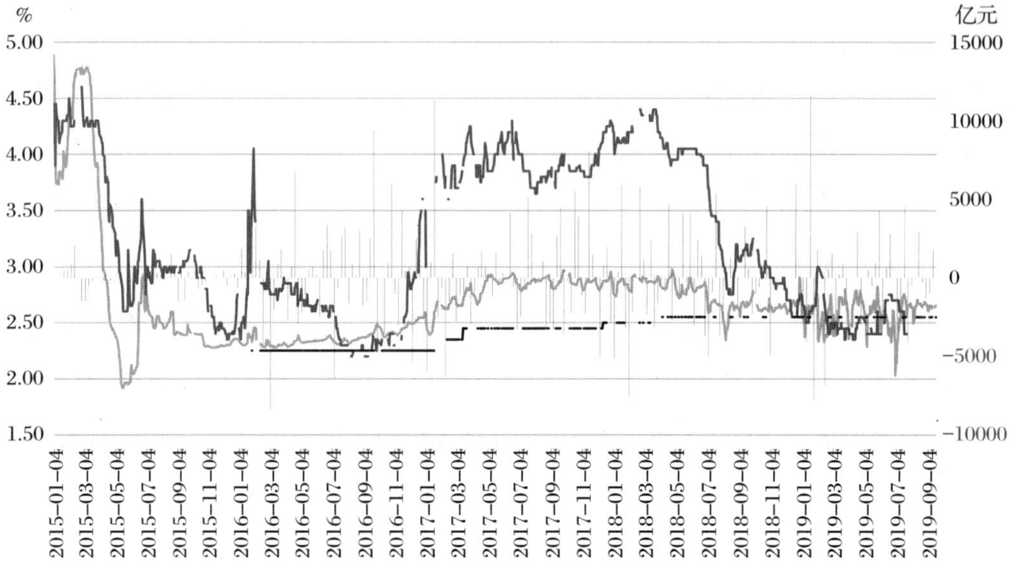

数据来源：Wind资讯。

图3　2015年以来利率及货币净投放情况

从票据融资科目路径来看，央行开展公开市场操作时，银行间体系的资金数量将相应变化，并带动商业银行票据融资等科目扩张或收缩，最终影响实体企业的票据融资数量。

（三）存款准备金

我国的存款准备金制度最初是为了满足央行集中及配置资金、支持重点项目产业的特殊需要而建立的，后逐渐演变为重要的常规货币政策工具。央行通过调整存款准备金率能够影响金融机构信贷资金供应能力，间接调控货币供应量。存款准备金率的调整包括全面调整和定向调整两类。

存款准备金率调整时，银行间体系的超额存款准备金数量变化导致货币市场资金的供求关系调整，最终引起转贴现、贴现利率的变化，同时超额存款准备金的数额变化也将导致商业银行票据融资科目的扩张或收缩。这一传导路径与公开市场操作影响票据市场的传导路径大体一致。区别在于，公开市场操作具有直接的利率调节功能，而存款准备金具有结构调整功能，因为通常央行会将定向准备金率调整政策与商业银行小微及民营、普惠、涉农等领域的贷款（含票据融资①）投放挂钩，存款准备金通过影响票据市场来传导货币政策的路径得到拓展。

从全面准备金率调整对票据利率的影响来看，考察2015年以来的数据（见表2）发现，多数情况下央行执行存款准备金率下调政策后，执行日前后5个交易日的转贴现利率均值呈现下降趋势，但2019年两次全面降准政策执行后，转贴现利率均值却呈现上升趋势，或是由于降准政策蕴含的价格走势信息已在降准宣布后消化，因为将考察日期调整为降准的宣布日后，宣布日前后5个交易日的转贴现利率均值呈现下降趋势（见表3）。理论上说，宣布降准后转贴现利率走势变化更多反映市场对未来票据利率的预期，执行降准后则更多反映银行间资金面的实际变化、信贷规模的松紧程度等。从全部样本数据来看，央行宣布、执行存款准备金率调整的前后5个交易日，转贴现利率变动幅度的均值分别为–11.1个基点、–11.9个基点，这说明两者对票据市场的影响大体相当。

① 近年商业银行票据融资服务的对象多以小微及民营企业为主，票交所发布的数据显示，2019年上半年贴现申请人为中小企业的业务量占比高达78.6%。

总体来讲，近年票据利率对全面降准政策宣布和执行的反应均较为灵敏，货币政策意图得到快速传导。

表2　央行执行存款准备金率变动对票据市场的影响

执行日	法定存款准备金率变动幅度（%）	转贴现利率①前后5个交易日均值变动幅度（基点）
2015年4月20日	–1.0	–35.5
2015年9月6日	–0.5	–1.2
2015年10月24日	–0.5	–16.8
2016年3月1日	–0.5	–11.3
2018年4月25日	–1.0	–7.2
2018年7月5日	–0.5	–36.0
2018年10月15日	–1.0	–18.0
2019年1月15日	–0.5	+6.0
2019年1月25日	–0.5	+13.2

数据来源：中国人民银行网站，Wind资讯。

表3　央行宣布存款准备金率变动对票据市场的影响

宣布日	法定存款准备金率变动幅度（%）	转贴现利率前后5个交易日均值变动幅度（基点）
2015年4月19日	–1.0	–35.5
2015年8月25日	–0.5	–1.2
2015年10月23日	–0.5	–12.0
2016年2月29日	–0.5	+1.9
2018年4月17日	–1.0	–2.4
2018年6月24日	–0.5	–9.6
2018年10月7日	–1.0	–14.4
2019年1月4日	–1.0	–15.6

数据来源：中国人民银行网站，Wind资讯。

① 转贴现利率选取6个月期利率，如无特别注明，下同。

从定向准备金率调整对票据利率的影响来看，考察2014年以来的定向降准历史发现（见表4），央行宣布定向降准的前后5个交易日，转贴现利率均值整体呈现下降趋势，平均变动幅度为-14.6个基点。这说明定向降准通过影响票据利率来传导货币政策的路径较为通畅。

表4　央行宣布定向降准对票据市场的影响

执行日期	存款准备金率定向变动幅度（%）	转贴现利率前后5个交易日均值变动幅度（基点）
2014年4月22日	-2.0	-26.4
2014年6月9日	-0.5	-1.2
2015年2月4日	-0.5	-16.0
2015年4月19日	-1.0	-35.5
2015年6月27日	-0.5	-46.8
2015年8月25日	-0.5	-1.2
2015年10月23日	-0.5	-12.0
2017年9月30日	-0.5及-1.5①	-4.8
2018年4月17日	-1.0	-2.4
2018年6月24日	-0.5	-9.6
2018年10月7日	-1.0	-14.4

数据来源：中国人民银行网站，Wind资讯。

（四）其他新型货币政策工具

SLF、MLF及TMLF都是央行2013年以来创设的新型货币政策工具，央行接受商业银行抵押品后向其提供不同期限、利率的流动性（见表5）。三类工具均能够通过影响票据市场来传导货币政策。

① 2017年9月30日央行公告两档定向降准标准:凡前一年上述贷款余额或增量占比达到1.5%的商业银行，存款准备金率可在人民银行公布的基准档基础上下调0.5个百分点；前一年上述贷款余额或增量占比达到10%的商业银行，存款准备金率可按累进原则在第一档基础上再下调1个百分点。

表5　三类借贷便利工具的比较

品种	常设操作期限	操作对象	利率
SLF	1天、7天、28天	政策性银行、全国性商业银行及地方法人金融机构	高
MLF	3月、6月、1年	符合宏观审慎要求的政策性银行及全国性商业银行	中
TMLF	1~3年	符合宏观审慎要求的政策性银行及商业银行	低

资料来源：中国人民银行网站。

从操作数量来看，央行通过三类工具向银行间体系注入不同期限的资金，一定程度上会降低转贴现、贴现利率，同时银行间流动性的增加也将导致商业银行票据融资科目的扩张，这与公开市场操作、存款准备金等的传导路径在一定程度上类似。区别在于，三类工具操作主要是向银行间体系注入流动性，而公开市场操作、存款准备金可对银行间体系流动性进行注入或收回的双向调整。

从操作利率来看，SLF操作利率作为利率走廊上限，有助于收窄转贴现利率的波动区间，防止金融市场恐慌；MLF操作利率主要发挥中期政策利率作用，能够影响商业银行的中期融资成本并引导市场预期，从MLF操作实践来看，以1年期MLF为例，自2016年首次开展以来其操作利率共调整5次（见表6），其中4次操作利率调整后，转贴现利率均值的变动方向与其调整方向一致。可以看出，在多数情况下MLF操作利率的调整可快速传导至票据市场并影响贴现利率。

表6　MLF操作利率变动对票据市场的影响

日期	MLF操作利率变动幅度（基点）	转贴现利率前后5个交易日均值变动幅度（基点）
2016年2月19日	–25	–16.8
2017年1月24日	+10	+98.4
2017年3月16日	+10	+26.4
2017年12月14日	+5	+13.2
2018年4月17日	+5	–2.4

数据来源：中国人民银行网站、Wind资讯。

同时，央行TMLF操作主要依据商业银行小微及民营企业贷款增量，且TMLF较MLF期限更长、利率更优惠，这对商业银行开展票据贴现有较强的正向激励，能够促进商业银行加大小微及民营企业票据贴现来获取TMLF额度，TMLF具有的这种功能与定向降准、再贴现的结构调整有一定的相似性。

四、进一步增强票据市场传导货币政策效果的讨论

（一）制约票据市场传导货币政策的因素讨论

一是相关法律法规滞后，限制了票据市场传导货币政策功能的发挥。票据具有支付和融资功能，《中华人民共和国票据法》《支付结算办法》等相关法律法规注重对支付功能的规范，实际上促进现代票据市场发展的是票据融资功能。近年票据资产证券化、标准化票据等创新融资业务环节均不同程度存在法律法规的盲区，制约了票据融资传导货币政策的空间。二是相比债券市场、货币市场，票据市场参与主体仍以商业银行、财务公司为主，很多非银金融机构、非法人产品对于开展票据交易存在合规疑虑，票据传导货币政策的空间和力度受限。

目前需尽快研究修改《中华人民共和国票据法》以适应当前票据融资功能的发挥，统一明确非银金融机构和非法人产品参与票据交易的政策，加快票据市场建设，拓展票据市场广度和深度，提高票据市场传导货币政策的效率。

（二）再贴现功能定位的讨论

20世纪再贴现政策主要发挥促进产业结构调整、培育票据市场的作用。进入21世纪后，随着经济整体快速发展、通胀压力加大，2004年央行出台再贷款（再贴现）浮息制度，将再贴现培育为价格型政策工具的意愿增强。2008年国际金融危机发生后，为配合宏观经济政策的重大调整，央行进一步完善再贴现政策，适度发挥再贴现促进结构调整、引导资金流向的作用，随

着宏观经济逐步进入新常态，2011年以来，再贴现主要发挥信贷结构调整的功能。

回顾历史可以发现，再贴现的功能定位与宏观经济发展阶段息息相关。在经济进入新常态、小微及民营企业融资难突出的阶段，再贴现的精准滴灌、结构调整功能正当其时。在当前货币政策关注结构性调整、数量型调控向价格型调控转型的背景下，鉴于央行已将SLF培育为价格型工具（利率走廊上限），建议再贴现着重发挥结构调整功能。

（三）再贴现的操作方式讨论

再贴现操作方式包括买断式和回购式两种，近年央行的再贴现操作以回购式为主。买断式与回购式再贴现在传导货币政策方面具有一定差异。表7从业务实质、会计处理、操作影响、操作效率等方面对二者进行了比较。

表7　再贴现操作方式的比较

	买断式再贴现	回购式再贴现
业务实质	商业银行向央行转让票据	商业银行以票据质押向央行借款
会计处理	商业银行可将贴现票据销账，可节约信贷规模资源，扩大对中小企业票据融资	商业银行不能将贴现票据销账，在资产负债表内确认一笔向央行借款的负债
操作影响	影响转贴现利率，修正完善收益率曲线形态；资金回收由不同票据的到期日决定	一般不能影响转贴现利率；资金回收由单一的回购到期日决定
操作效率	资金回收期限不统一，加大货币政策操作复杂度	资金收回日期统一，有利于央行货币政策操作

资料来源：作者整理。

总体来看，买断式与回购式再贴现操作差异明显，央行需要根据货币政策取向、其他货币政策工具操作情况、银行间体系流动性情况、金融机构信贷投放情况、票据市场利率走势等因素综合考虑，选择合理的再贴现操作方式，更好地发挥再贴现传导货币政策效果。

（四）再贴现的利率设定讨论

关于再贴现利率的合理设定，多数文献认为应将再贴现利率设定为高于市场利率（Shibor、贴现率等），但过高的利率可能导致金融机构加强资金横向沟通，由再贴现转向转贴现等同业融资，导致再贴现形同虚设。从2001年9月至2008年1月的经验来看，再贴现利率连续上调并高于市场利率，确实导致了再贴现量的大幅萎缩，金融机构转向同业市场融资、再贴现需求下降是重要原因。但过低的利率也可能导致商业银行过度依赖央行资金。因此，将再贴现利率设定为适当低于市场利率，有利于对商业银行办理再贴现形成正向激励，拓展再贴现发挥结构调整功能的空间。

同时，2010年以来再贴现利率一直以来稳定在2.25%，一定程度上导致再贴现利率的杠杆功能失效，不利于发挥市场在配置信贷资源领域的基础性作用。建议对不同期限、不同交易对手、不同种类票据实行多层次和档次利率，适当发挥再贴现利率的杠杆功能，优化资源配置效率。

（五）拓展票据传导货币政策路径的讨论

当前票据市场传导货币政策的最主要、最直接的路径为再贴现，其他政策工具通过影响票据市场来传导货币政策的作用较为次要、间接。未来可以考虑拓展票据直接传导货币政策的路径：一是将票据纳入公开市场操作标的。从国外经验来看，英国央行可在公开市场操作中直接购入私人票据（保罗·塔克，1999），日本央行早在1972年即在公开市场中开展票据操作（丹治芳树，1999）。二是将票据直接纳入SLF、MLF等新型货币政策工具的担保品范围，不再设置类似再贴现的票据选择条件，这将与再贴现形成有益补充，极大拓展票据传导货币政策的空间。

近期票交所推出以票据为基础资产发行的创新产品——标准化票据，票据标准化程度大为提高。随着未来票据、标准化票据市场的不断发展壮大，可以适时考虑将票据或标准化票据纳入公开市场操作标的或SLF、MLF等工具的担保品范围，有效拓宽票据传导货币政策的路径。

参考文献

[1] 塔克 . 再贴现与公开市场操作 [R]. 北京：中国人民银行再贴现研讨会论文，1996.

[2] 北京大学中国经济研究中心宏观组（易纲，谭霖，莫倩等），规范发展票据市场至关重要 [J]. 金融研究，2003(3):26–35.

[3] 丹治芳树 . 日本的票据再贴现概要 [R]. 北京：中国人民银行再贴现研讨会论文，1996.

[4] 罗杰 . 再贴现政策结构调整功能研究 [J]. 当代金融研究，2018(2):50–56.

[5] 马贱阳 . 结构性货币政策：一般理论和国际经验 [J]. 金融理论与实践，2011(4):111–115.

[6] 秦池江 . 票据市场与货币政策——对发展票据市场的再探讨 [J]. 中国金融，2000(3):34–36.

[7] 孙国锋 . 第一排——中国金融改革的近距离思考 [M]. 北京：中国经济出版社，2012.

[8] 王景武 . 运用再贴现工具支持实体经济 [J]. 中国金融，2013(5):68–70.

[9] 汪洋 . 中国货币政策工具研究 [M]. 北京：中国金融出版社，2009.

[10] 中国人民银行武汉分行 . 对我国再贴现利率生成机制及其政策信号与导向作用的研究 [J]. 武汉金融，2011(12):18–21.

[11] 谢平 . 中国货币政策分析：1998—2002[J]. 金融研究，2004(8):1–20.

[12] 易纲 . 中国改革开放三十年的利率市场化进程 [J]. 金融研究，2009(1):1–14.

[13] 张宗益，古旻 . 我国票据市场的货币政策传导效应研究 [J]. 预测，2010(3):44–49.

[14] 中国人民银行 2001 年以来各季度货币政策执行报告 .

票据利率分析方法及量化预测模型

汪武超　林竹青　王鹏程[①]

［摘　要］资金利率和市场供需是票据利率的直接影响因素，不同时期两者对票据利率的影响权重不同。资金利率是宏观经济走势和政策松紧的最终反馈，通过影响机构的持票成本决定票据利率波动中枢。票据市场供需情况由信贷投放情况和企业用票行为共同决定，对票据利率的走势有快速且显著的冲击。

本文首先介绍了资金和供需市场中各细项指标的影响因素、变化规律和预测方法，接着运用三种不同的量化模型对票据利率进行预判。一是根据资本资产定价理论，建立“票据利率=基准利率+补偿利率”线性回归模型。二是根据等式“贴现量=到期量+新增票据融资量+新增票据资管量”分析票据市场的供需均衡。三是对影响票据利率长期走势的信贷投放情况和短期走势的贴现量完成情况进行时间进度分析。通过对三种量化模型的配合分析，最终得出票据利率的走势，为机构资产摆布和未来的智能化、量化交易提供较好的模型基础。

［关键词］票据利率；量化；资本资产定价；动态均衡；ARIMA

① 作者简介：汪武超，招商银行总行票据业务部风险管理团队主管；林竹青，招商银行总行票据业务部研究员；王鹏程，现就职于招商银行成都分行票据业务部。本文系中国票据研究中心“利率市场化改革下票据市场价格形成机制研究”课题成果。

相比货币市场而言，票据利率的影响因素更加复杂，其中有些因素是临时、偶然出现的，但更多因素是长期存在的，并在市场运行中表现出一些可描述、可量化的特点。

一、票据市场利率的影响因素

（一）票据利率走势回顾

票据市场利率伴随着经济、政策、市场的变化而波澜起伏。据Wind数据显示，过去十年间，票据市场利率①最高涨至13%左右，最低跌至2%左右，波动幅度远远高于债券市场和货币市场其他产品的价格波动。伴随着宏观经济和政策的不断调整，票据利率大致呈现3个上行周期、3个下行周期和1个平稳波动周期的走势。

数据来源：Wind。

图1 2009年以来票据转贴现利率与国债利率走势

① 以足年转贴现利率为参考，取Wind中6个月期限的票据转贴现月利率×1.2。

历史证明，票据利率同时受宏观经济、政策松紧、市场流动性、供需情况、替代产品价格变化等多个层面因素的影响。

第一，从长期视角看，票据利率走势与宏观经济增速成正相关关系。在经济的复苏和繁荣周期，GDP增长加快、企业扩张产能、通胀上升、利率上行，票据利率一般也跟随处于震荡上行区间。在经济的衰退和萧条周期，GDP增长较慢、企业收缩产能、物价下行、利率下行，票据利率一般也跟随处于震荡下行区间。

第二，政策面因素决定了票据利率的变化周期。影响票据市场利率的政策面因素包括货币政策、财政政策、信贷政策以及监管政策等。不同政策在各时段的目标、节奏、力度均有所差异，总的政策基调和运行周期决定了票据利率变化的周期，当政策收紧时，票据利率进入上行通道，当政策放松时，票据利率转入下行通道。

第三，资金面因素通过影响机构持票成本决定票据利率波动中枢。从中短周期来看，票据利率和资金利率如质押式回购、Shibor和同业存单（CD）等的价格相关性极大，主要原因是票据定价参考货币资金价格，各机构票据资产的FTP成本线与资金价格的波动息息相关。

第四，票据市场供需关系的变化会对票据利率产生快速而显著的冲击。从供给端来看，票源的最终供给取决于企业签发量，观察指标主要有票据签发量、承兑量、贴现量等。从需求端来看，票源的最终需求取决于银行的配置量，包括票据融资和资管的量，这又与银行的信贷投放情况、可用资金、风险偏好等有关。当票源减少、供不应求时，票据利率存在下行动力，反之票据利率存在上行动力。

第五，市场情绪和信息传播也对票据利率造成影响。市场情绪包括羊群效应和反馈效应，这两种情绪会扩大票据利率变动幅度。信息传播的速度和随意性可以扩大某些正面或负面的消息，进而加剧票据利率波动。

综上所述，影响票据利率市场走势的因素主要包括基本面、政策面、资金面、票据供求关系、市场情绪和信息传播五大方面，每个方面在不同时期对票据利率影响不同，主次关系也随市场环境的变化而变化。

（二）票据利率量化模型指标选取

目前各机构对票据利率的研判主要采用包含上述影响因素的定性分析方法。但实操中由于以上因素的指标较多且交叉叠加，加之个人主观感受和研判能力存在差异，造成判断的主观性和随意性极强，准确性较低，而本文提出的利率量化模型或将是解决这些问题的一种新方案。

票据市场作为连接实体经济和金融市场的桥梁，其利率走势有其自身规律和特点，因此，选取与票据利率相关性较高、较稳定、易量化的指标对建立票据利率量化预测模型至关重要。结合数据可得性和作者研究实践，本文选取2016年1月至2019年9月的月度平均票据利率①，共45个观察值，同时选取国内生产总值（GDP）、工业增加值（IP）、居民消费价格指数（CPI）、生产价格指数（PPI）、投资增速、消费增速、净出口增量的数据作为宏观面观测指标，选取Shibor和同业存单（AAA）作为资金面观测指标，选取贴现量、票据融资新增规模、票据资管新增规模、票据融资余额/人民币贷款余额等指标作为供给面观测指标，政策面由于无法量化暂不纳入分析。票据利率与其他指标的相关性分析结果见表1：

表1　票据利率与其他指标的相关系数

宏观面指标	GDP	IP	CPI	PPI	投资	消费	净出口
相关系数	46%	25%	-27%	66%	-10%	3%	-37%

资金面指标	SHIBOR				同业存单（AAA）			
	1月	3月	6月	1年	1月	3月	6月	1年
相关系数	94%	94%	92%	92%	87%	91%	93%	96%

① 数据来源：笔者记录的市场足年国股转贴现主流成交利率的月平均值。

续表

供需面指标	贴现量	票据融资新增规模	票据资管新增规模	票据融资余额	票据融资余额/人民币贷款余额
相关系数	-58%	-34%	-42%	-84%	-92%

数据来源：Wind，上海票据交易所官网。

从以上结果可以发现，票据利率和资金面及供需面的部分指标相关性极高，宏观和政策因素与票据利率的相关性较低。鉴于此，本文选取资金面和供需面指标作为票据利率两个核心影响因素，并在下文分析资金价格和供需指标的影响因素、变动规律和预测方法，进而据此预测票据利率。

二、资金价格和供需关系的影响因素和预测方法

（一）资金价格

资金面充裕与否直接影响各金融产品的收益曲线走势。资金面变化由供给与需求的变化共同决定。

供给侧主要观察超额存款准备金的变化。超额存款准备金是金融机构之间可交易的资金总量，其变化反映了银行间市场资金供给状况，主要受外汇占款、法定存款准备金、公开市场操作、财政存款、流通中现金等指标变动的影响。

需求侧主要观察待购回债券余额的变化。待购回债券余额增加，表示质押式回购融资增加，机构融资需求上升；反之则说明融资需求下降。指标方面可重点观测银银间质押式回购利率、银行间全市场质押式回购利率、上交所质押式回购利率、同业存单利率、Shibor报价利率等。

目前，资金面主流预测方法是ARIMA或GARCH模型，将在后文详细介绍。

（二）供需关系

“贴现量=到期量+新增票据融资量+新增票据资管量”是票据市场的“恒等式”，即贴现票据可分为三部分：一部分用来补充到期量，一部分以新增票

据融资的形式存在，一部分以新增票据资管的形式存在。等式左边代表的是供给，等式右边代表的是需求。

1. 供给指标——贴现量

贴现量主要受宏观经济、行业结构、监管、季节性、利率变动等因素的影响，在常态市场环境下通常保持平稳性增长。根据“贴现量=承兑量×贴承比[①]”，贴现量由承兑量和贴承比决定，可据此预测贴现量（假设在短期内承贴比保持稳定）。分析历史数据发现，贴现量具有以下规律：剔除监管政策、季节性、利率异常波动等因素后，经调整的贴现量月度同比值保持在稳定的水平，经调整的贴现量月度环比值呈现显著异方差特征。基于上述规律，可先预测经调整的贴现量，再辅以调节系数估计监管、季节因素，便可测算调整前真实的贴现量，即未来某月贴现量=上年同期调整贴现量×同比变化×监管调整系数×季节调整系数×利率调整系数。

2. 需求指标——到期量

到期量是刚性且确定的指标，票据最长期限为1年，理论上只要知道过去1年内每月的贴现量及贴现票据期限结构[②]，即可推算当月票据到期量，即某t时刻的到期量$_t$=∑（贴现量$_{t-i}$×期限i个月的票据占比）（i=1, 2, 3, …, 12）。

3. 需求指标——新增票据融资量

新增票据融资量受社会融资规模变动和人民币贷款投放情况影响，表现为票据融资规模和对公贷款规模的“跷跷板”效应。正是由于票据融资和信贷投放的高负相关性，新增人民币贷款可作为预测新增票据融资的中间指标。

从现有文献来看，新增贷款的主流预测方法是，先按政府制定的信贷投放年度增速匡算出年度增量，并按3∶3∶2∶2的投放节奏分配至每个季度，再结合上一季度投放情况调整本季度预测值，每季度内又按上月的投放情况调整本月

① 承贴比=承兑量/贴现量，口径为同一时期内。

② 本文采集的贴现量和贴现票据期限结构数据来源于上海票据交易所公布的《票据市场发展报告》。

预测值。按此思路可预测新增票据融资规模，即新增票据融资规模=新增人民币贷款规模 × 企业贷款占比 × 企业贷款中票据融资占比。实践中，可以通过信贷累计投放情况推测下月新增票据融资规模变动的方向，作为辅助判断。

4. 需求指标——新增票据资管量

票据资管量变化主要受三个方面的因素影响：一是监管因素，监管对票据资管的态度及监管尺度直接决定了票据资管量级。二是盈利空间，理论上票据利率与资金成本的利差越大，银行越有动力通过资管计划增配票据资产。三是特殊时点的表内规模调剂。

对票据资管量的预测一般较难准确量化，只能通过趋势研判和市场信息估算票据资管量级和变化方向。

三、票据利率走势预测

本文分别构建“资本资产定价模型”“均衡分析模型”“时间完成进度模型”，对票据利率进行预测。

（一）资本资产定价模型

1. 理论与方法

根据资本资产定价理论和利率期限结构理论，金融资产定价是由基准利率加计补偿利率形成的，即利率由机会成本和风险补偿构成。票据作为一项金融资产，其定价也适用于上述关系，即“票据利率 = 基准利率 + 补偿利率”。

（1）基准利率指标

一个性能良好的基准利率指标须符合三个条件：一是相关性。基准利率必须与票据利率高度相关，基准利率的变化能够引起票据利率的改变。二是可测性。基准利率既要能迅速获取准确数据，又必须有较明确的定义，并便于观察、分析和监测。三是灵敏性。基准利率要能够及时、灵敏地反映实际资金供求状况及其变化，间接反映作用于资金供求的宏观和中观因素，如宏观经济走势、货币政策松紧等。

我国通常选择Shibor作为基准利率，但随着同业存单的快速发展，目前同业存单利率也能反映资金供求关系及其变化，其灵敏性更优于Shibor，同时，前文分析显示，同业存单和票据利率的相关性更高。因此本文选择AAA主体发行的同业存单利率作为基准利率，而AAA-同业存单与国股行承兑银票的信用风险大致趋同。

（2）补偿利率指标

一是规模补偿，或规模溢价。通常在信贷政策收紧时，票据贴现被贷款挤出，导致票据利率上升；在信贷政策放松时，需要用票据贴现填补贷款缺口，导致票据利率下行。票据融资余额/人民币贷款余额可作为规模溢价的观测指标。

二是流动性补偿，或流动性溢价。通常剩余期限较长的票据的流动性弱于期限较短的票据，因此要求较高的收益补偿；但在短期资金紧张时，短期票据流动性变差，反而要求更高的收益补偿。流动性溢价反映的是票据市场交易行为和结构变化等微观因素，长期资金和短期资金的价差可作为流动性溢价的观测指标，如Shibor1Y－Shibor1M（CD1Y－CD1M）等。

三是其他因素。对于不作用于基准利率、只作用于票据利率的其他影响因子，可用0-1变量描述该因子对票据利率走势的影响，如票据风险案件、监管、技术分析等因素。

（3）模型设定

设票据利率为Billt，同业存单利率为CDt，规模溢价为Dt，流动性溢价为SPt，常数项为Const，误差项为ut，则票据利率模型可表示为

$$\text{Billt}=\text{Const}+a_1\times\text{CDt}+a_2\times\text{SPt}+a_3\times\text{Dt}+\text{ut}$$

2. 模型参数估计

票据利率的观测样本选取1年期国股电票转贴月平均利率，基准利率选取

AAA主体发行的1年期同业存单月平均收益率，规模指标使用票据融资余额/人民币贷款余额（因公布时间晚，取滞后1期），流动性溢价选CD1Y-CD1M。时间窗口为2016年1月至2019年9月，共45个样本值。

（1）单变量：同业存单利率作为基准利率

$$\text{Billt}=\text{Const}+a_1\times\text{CDt}+\text{ut}$$

从模型估计结果可以看出，同业存单利率作为基准利率，模型参数均可通过置信度为99%的显著性检验（$p<0.01$），模型拟合优度（0.9002）较高。

（2）双变量：加入流动性补偿因子

尽管上述基准利率单因子对票据利率历史走势的解释程度已经超过90%（0.9021），但以预测未来利率为目的模型而言，精确度还有提升的必要和理论空间。根据上文提出的建模方法论，以AAA主体发行的1年期同业存单利率为基准利率，在此模型基础上加入流动性补偿因子（比如CD1Y-CD1M），进一步对模型进行比较和改进[①]：

$$\text{Billt}=\text{Const}+a_1\times\text{CDt}+a_2\times\text{SPt}+\text{ut}$$

对以同业存单长短期利差（CD1Y-CD1M）为流动性补偿因子与基准利率（CD1Y）存在共线性问题，这一问题可以转化为以CD1Y和CD1M两个变量进行回归来避免，模型的拟合优度（0.9021）与基准利率模型的拟合优度（0.9002）相比，有轻微改善。

从基准利率和流动性补偿双因子模型的参数反映出，流动性补偿因子与票据利率成负相关关系。具体讲，假设基准利率不变，长短期资金利差每扩大100个基点，票据利率便下降14个基点。但长短期资金利差往往伴随着基准利率的变化而变化，因此通过模型判断票据利率变化时，应结合长短期资金利差和基准利率的变动来综合分析对票据利率的影响。

① 以CD1Y为基准利率、CD1Y-CD1M为流动性补偿因子的回归模型中，存在多重共线性的问题，可转换为以CD1Y、CD1M两个自变量建立回归，转换后的模型与原模型原理相同，只是估计的参数不同。

（3）三变量：加入规模补偿因子

尽管上述双因子模型对票据利率走势的解释性已达到90%，但模型的拟合功能仍不够完美，其中一个重要原因是没有加入规模补偿因子。实践中，银行通过票据调节信贷规模是影响票据利率短期剧烈变动的重大因素，在票据利率建模中不可忽略。根据上文提出的建模方法论，加入规模补偿因子（票据融资余额/人民币贷款余额），进一步对模型进行比较和改进：

$$Billt=Const+a_1\times CDt+a_2\times SPt+a_3\times Dt-1+ut$$

模型拟合优度为0.9140，高于双因子模型的拟合优度（0.9021），加入规模补偿因子的模型有了改善。模型参数的估计值显示，假设基准利率不变，票据融资余额占人民币贷款余额每扩大100个基点，票据利率便下降26个基点。最终得到三变量的拟合模型：

$$Billt=0.0183+0.7493\times CD1Yt+0.0791\times CD1Mt-0.2599\times Dt-1$$

3. 模型预测

从等式可以看到，要预测下一期票据利率，需对下期的同业存单利率和本期的规模指标利率进行预测。

（1）基于ARIMA模型预测同业存单利率

ARIMA模型又称自回归移动平均模型，是时间序列中简单但实用的模型之一。ARIMA模型仅考虑单变量，通过变量自身变化趋势外推预测下一期值。

步骤1：对CD1Y进行序列平稳性ADF检验。序列CD1Y含截距项，但不具有明显的时间趋势，因此应选择截距项（Intercept）模型。

步骤2：分别对CD1Y原序列、一阶差分序列和二阶差分序列进行ADF检验。结果显示，CD1Y的一阶和二阶差分序列不具有单位根，是平稳序列。根据简约原则，选择一阶差分序列。

步骤3：ARIMA（p, d, q）模型的识别。对CD1Y建立的模型是ARIMA（4, 1, 1）、ARIMA（4, 1, 6）、ARIMA（6, 1, 1）或ARIMA（6, 1, 6）。

步骤4：比较ARIMA模型优劣。ARIMA（6, 1, 6）的调整后的拟合优度最大，是四个模型中比较好的一个，故CD1Y估计最优模型是ARIMA（6, 1, 6）。

步骤5：对CD1Y未来6个月利率中枢进行预测。利用前面建立的ARIMA（6, 1, 6）模型对未来6个月的CD1Y月平均价格进行预测，预测方法采用系统默认的Dynamic动态方法，并将预测值命名为CD1YF。

（2）基于ARIMA模型或供需均衡等式预测本期规模指标

方法1：运用ARIMA模型预测本期规模指标。用ARIMA模型预测规模指标的方式和预测CD1Y的方式相同，预测规模指标的ARIMA最佳模型为ARIMA（2, 0, 0）。

方法2：运用供需均衡等式预测本期规模指标。本期规模指标t=票据融资余额t/人民币贷款余额t=（票据融资余额$t-1$+新增票据融资量t）/（人民币贷款余额$t-1$+新增人民币贷款量t）。其中，票据融资余额$t-1$和人民币贷款余额$t-1$均为已知，需要预测新增票据融资量t和新增人民币贷款量t两个指标。

新增人民币贷款量t可根据前文提供的方法得出。新增票据融资额t可根据“贴现量=到期量+新增票据融资量+新增票据资管量”预测。根据前文方法能预测贴现量、到期量和新增票据资管量，进而计算出新增票据融资量。最终可得本期规模指标t=票据融资余额t/人民币贷款余额t。

将ARIMA和均衡等式两种方法预测出的规模指标，以及ARIMA方法预测出的CD1Y指标，代入票据利率的拟合公式，可得出未来某期票据利率的预测值（按期滚动预测的误差更小）。

（二）均衡分析模型

“贴现量=到期量+新增票据融资量+新增票据资管量”等式中，任一项的变动都会打破等式的均衡关系，从而使票据利率发生变化，票据利率变动又会引致等式中其他变量发生变动，形成新的均衡关系。

表2 上述等式中变量的影响因素

贴现量	1. 企业需求；2. 利率；3. 监管
到期量	与过去12个月贴现量有关，与利率无关
新增票据融资量	与全市场信贷投放情况有关，与利率基本无关
新增票据资管量	1. 监管；2. 利率—资金成本；3. 信贷调整需求

从表2可以看出，利率会引起贴现量、新增票据资管量的变动，与贴现量负相关，与新增票据资管量正相关，而与到期量和新增票据融资量均基本无关。据此上述等式关系有以下几种变化情形：

1. 若预测到下月票据到期量大且是等式主要影响因素，等式右边失衡，此时票据利率必须下降，使贴现量上升或资管量下降，直到等式左右两边达到新的均衡。

2. 若预测到下个月信贷投放不佳，票据融资规模上涨明显且是等式主要影响因素，等式右边失衡，此时票据利率必须下降，使贴现量上升或资管量下降，直到等式左右两边达到新的均衡。

3. 若预测到由于套利或企业季节需求等原因贴现量大且是等式主要影响因素，等式左边失衡，此时利率必须上行，抑制贴现量继续增加或增大资管量，直到等式左右两边达到新的均衡。

4. 若预测到由于政策因素等原因导致资管快速萎缩且是等式主要影响因素，等式右边失衡，此时利率必须上行，抑制贴现量继续增加，直到等式左右两边达到新的均衡。

（三）时间完成进度模型

票据利率和人民币贷款投放和本身市场的供需有较大关系。

从长周期（1个月以上）来看，票据利率的走势和人民币贷款的投放情况更相关。若人民币贷款若超时间进度投放，则票据规模大概率被挤压，呈现负增长或增速小于人民币贷款，此时票据利率处于上行周期；若人民币贷款投放情况较差，一直慢于时间进度，则票据将用于填补贷款缺口，呈现正增长或降速小于贷款，此时票据利率处于下行周期。

从短周期（1个月以内）来看，票据利率的走势和本身市场的供需更相关。若月内实际贴现量慢于当月理论贴现量，则预期票据贴现量将无法覆盖当月到期量，月末市场会供不应求，票据利率下行；若月内实际贴现量快于当月理论贴现量，则预期票据贴现量将超过当月到期量，月末市场会供过于求，票据利率上行。

四、结论与运用

本文建立了三种不同的票据利率量化预测模型：一是根据资本资产定价理论，建立“票据利率=基准利率+补偿利率”线性回归模型，其中基准利率为1年期同业存单价格，流动性补偿利率为1年期同业存单价格和1个月同业存单价格的差，规模补偿利率为票据融资余额和人民币贷款余额的比值，基于上述指标建立票据利率回归方程，用ARIMA时间序列模型和均衡等式分别预测资金利率和规模指标，进而预测未来6个月的票据利率。二是对等式“贴现量=到期量+新增票据融资量+新增票据资管量”的均衡分析，基于等式中某指标的失衡将引致票据利率波动，从而预判票据利率走势。三是对影响票据利率走势的信贷投放和贴现完成进度作分析，进而判断票据利率变动趋势。

通过上述三种模型的综合分析，能够清晰预判票据利率的变动方向以及较准确地预测未来3~6个月内票据利率中枢，可为机构摆布票据资产、调整票据久期提供充裕的时间窗口，可以方便交易人员制订合适的操作策略，赚取超额利润。同时，票据利率量化判断模型是未来票据交易智能化交易的基础，交易机构在量化票据利率模型的基础上，按照不同的交易目标和策略，如期限策略、信用策略、收益率策略、套利策略等，开发交易模型，通过内部系统与票交所系统的直连，实现自动化、程序化交易，并实时监测、控制市场风险。

基于票据收益率曲线斜率的投资策略与量化回测分析

鱼沛喆[1]

[**摘　要**]　上海票据交易所成立以来，票据市场基础设施建设取得了显著成效。在充分控制市场风险的基础上，票据投资主体更加丰富多样，信息披露更加准确及时，制度规范更加清晰明确，为票据二级市场健康发展奠定了坚实的基础。根据上海票据交易所公布的数据，其他投资者二级市场交易量持续快速增长，表示各类机构参与票据二级市场交易意愿显著提高。2018年12月，上海票据交易所正式发布首条票据收益率曲线，填补了票据估值的空白，是加强票据市场信息披露的重要举措。国内外债券市场上已有较多针对收益率曲线的研究，结合收益率曲线的不同形态，形成了不同的投资策略。其中许多策略可以使用计算机技术进行量化回测分析，验证投资策略的有效性。对于票据市场，收益率曲线投资策略研究和量化回测分析还比较少见，本文先对票据收益率曲线的形态进行分析，构建基于收益率绝对斜率和相对斜率的投资策略，最后利用计算机技术进行量化回测。回测结果发现，绝对斜率投资策略取得了较好的效果，年化投资收益超过同期足年国股银票平均收益率99个基点，可以为票据二级市场交易提供策略参考。

[**关键词**]　票据收益率曲线；斜率投资策略；量化回测

① 作者简介：鱼沛喆，招商银行股份有限公司产品经理。

本文第一部分从市场交易情况、收益率曲线、量化回测三个方面介绍了研究背景，第二部分先分析了票据收益率曲线的形态，在此基础上形成了基于斜率的投资策略，第三部分详细论述了量化回测过程中的前提假设、阈值设定、策略设计和收益分析，第四部分是对整篇文章的总结和对未来发展趋势的展望。

一、研究背景

2016年12月5日，中国人民银行发布《票据交易管理办法》（中国人民银行公告〔2016〕第29号），明确了上海票据交易所的职能，丰富了票据二级市场的参与主体，为票据二级市场交易的持续发展奠定了基础。2018年10月1日至5日，上海票据交易所组织完成了纸电融合第二阶段工作，标志着全国统一、安全高效的电子化票据交易平台基本建成。在各项政策制度和交易系统的保障下，票据交易的成本大幅降低，交易活跃度显著提升。2019年前三季度，票据交易量为39.73万亿元，同比增长25.27%。值得注意的是，其他金融机构[①]交易总量自2018年以来一直保持快速增长，交易总量达到1.44万亿元，占全市场交易总量的5.74%[②]，说明票交所基础设施建设已见成效，除主要商业银行外，各类投资者也更加愿意参与票据二级市场交易，也为票据投资策略的研究带来了新的方向。

2018年12月6日，上海票据交易所正式发布票据市场首条收益率曲线，是信用主体为国有和股份制银行的电子银行承兑汇票转贴现收益率曲线（以下简称BAEX-1曲线)。该曲线采用了贴现率定价方式，填补了票据估值的空白，是加强票据市场信息披露的重要举措，将显著提升票据市场利率的统一性、有效

① 包含民营银行、外资银行、非银机构等。限于数据来源，取该数据说明非银机构交易情况。

② 参见上海票据交易所《2019年第三季度票据市场运行情况》。

性和权威性。国内外债券市场上已有较多针对收益率曲线的研究，结合收益率曲线的不同形态，形成了不同的投资策略，具体包括骑乘曲线策略、曲线平移策略、斜率策略、蝶式策略等。由于票据资产具有期限较短、价格波动较大等特点，针对票据收益率曲线斜率的研究更具有可行性。

随着计算机技术的发展，量化投资已逐渐成为更加有效的投资方式，许多投资策略可以利用编程进行量化回测分析，在短时间内处理分析大量历史数据，验证投资策略在历史数据下的有效性。债券市场也产生了一些比较成熟的量化投资策略，通过不断的回测分析和改进，凭借其纪律性、准确性、及时性、全面性的特点，往往可以获取超额收益。因此，以票据收益率曲线为基础的票据投资策略研究，以及凭借计算机技术进行的量化回测分析，在票据市场快速发展的今天，已具备现实可行性，并具有非常重要的意义。

二、BAEX-1曲线的斜率投资策略

收益率曲线投资策略，是指通过分析和预测收益率曲线形态并进行交易的投资策略，包括骑乘曲线策略、曲线平移策略、斜率策略、蝶式策略等。收益率曲线的形态直接决定了应采取的策略，持续陡峭的情况下，可以持有资产一段时间后卖出，适用于骑乘曲线策略；向上或向下平移时，可以相应调整资产组合久期，适用于曲线平移策略；斜率经常发生变化时，可以同时多长端空短端或多短端空长端，适用于斜率策略；凸度经常变化时，可以空两端多中间或空中间多两端，适用于蝶式策略。考虑到票据久期较短等因素，本文选取斜率策略进行分析。本部分将首先分析票据收益率曲线的形态，再根据收益率曲线的形态和特点，形成票据斜率投资策略。

（一）BAEX-1曲线的形态分析

收益率曲线形态分析一般包括浮动范围、期限结构、斜率和凸度分析等。

本文研究的是基于斜率的投资策略，故主要分析BAEX-1曲线的浮动范围、期限结构和斜率。

1. BAEX-1曲线的浮动范围。票据收益率曲线的整体波动范围，取决于票据各期限利率的走势。由于票据资产同时具有资金属性和信贷属性，这使票据利率与其他货币市场利率既具有趋同性，又具有差异性。长期来看，票据资产作为货币市场固定收益证券的一种，票据利率基本跟随了货币市场的大趋势。中短期来看，由于票据具有信贷属性，可以占用商业银行信贷规模，故在一段时间内或某些特殊时点，票据利率会围绕货币市场利率产生上下波动。

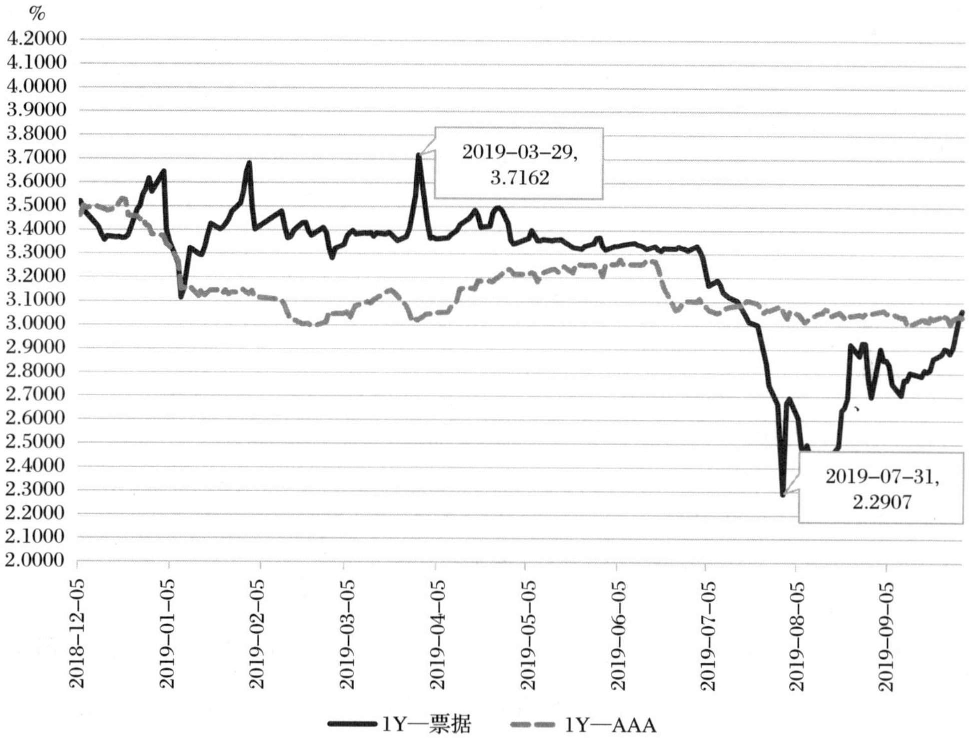

图1 1年期票据利率与AAA级同业存单利率走势

观察1年期票据利率与AAA级同业存单利率走势图可以发现，票据利率较同业存单利率或高或低，但相互之间的最大偏差不超过80个基点，体现了趋同性①。但在月末等一些特殊时点，受信贷规模因素影响，票据利率则展现了不同的波动形态，如2019年3月29日票据利率跳升，又如7月31日票据利率骤降，这体现了票据利率的差异性。

2. BAEX-1曲线的期限结构。收益率曲线包含不同期限利率，随着时间推移，这些利率也会各自进行波动。一般情况下，各期限利率随时间波动趋势基本相同，且短期利率较低、长期利率较高，收益率曲线呈向上形态。

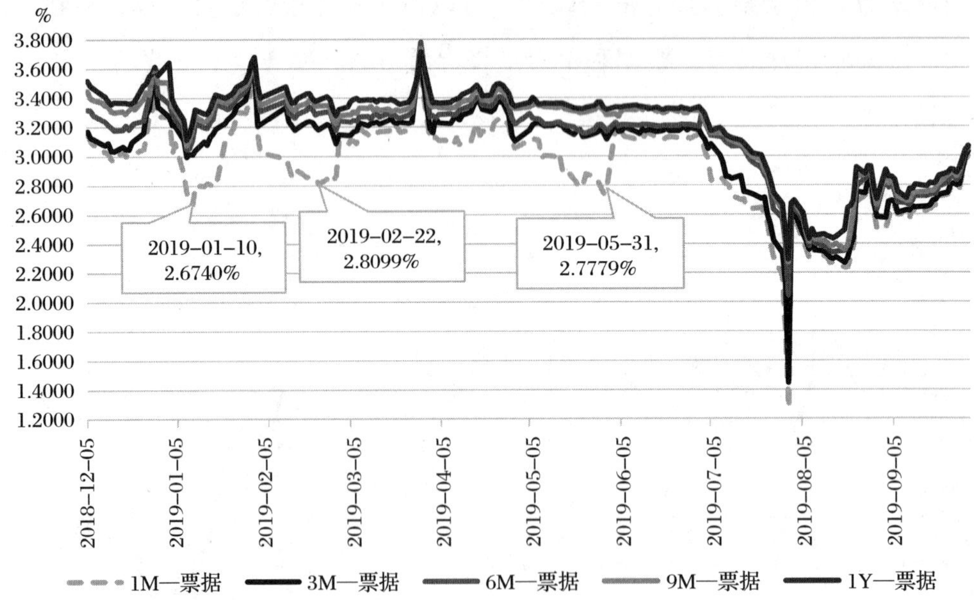

注：1M代表“1个月期”；3M代表“3个月期”；6M代表“6个月期”；9M代表“9个月期”；1Y代表“1年期”。下同。

图2 BAEX-1曲线各期限利率走势

观察BAEX-1曲线各期限利率走势图可发现，短期利率更低长期利率更高，且3M、6M、9M、1Y利率波动趋势相关性非常高，可以使用现有的各类收益率曲线投资策略进行分析。但是，1M利率经常会出现“离群值”，以更大幅度低于其他利率，如2019年1月10日、2月22日、5月31日等。

① 根据上海票据交易所《2019年第三季度票据市场运行情况》数据显示，7天期票据质押式回购利率与7天期银行间质押式回购利率走势基本保持同步，二者相关系数为0.83。

3. BAEX–1曲线的斜率。收益率曲线斜率是衡量曲线向上整体倾斜程度的指标。随着时间推移，收益率曲线形态发生变化，斜率也会随之改变。斜率的计算方法是长端利率与短端利率之差与长端和短端期限之差的比值，即

$$S=\frac{R_l-R_s}{T_l-T_s}$$

其中，S代表斜率，R_l代表票据长端利率，R_s代表票据短端利率，T_l代表长期限，T_s代表短期限。

由于票据资产最长期限为1年，且1年期资产交易最为活跃，市场定价最为公允，故R_l取BAEX–1曲线1年期利率，相应T_l期限取固定常数12。

在短端利率和短期限指标选取上，结合短端利率取1M和3M票据后的斜率走势对比图可以发现，若R_s取BAEX–1曲线1个月期利率，T_s取固定常数1时，斜率在1月18日、2月22日、5月31日等相关期限范围内有明显的升高，曲线呈凸起形态。若R_s取BAEX–1曲线3个月期利率，T_s取固定常数3时，斜率走势则比较平缓。

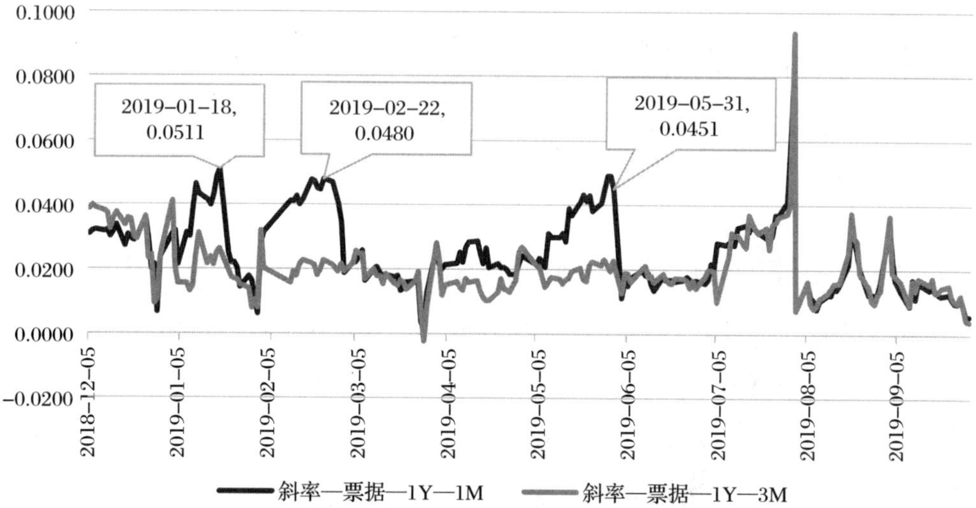

注：斜率—票据—1Y—1M代表R_s取BAEX–1曲线1个月期利率，T_s取固定常数1；
斜率—票据—1Y—3M代表R_s取BAEX–1曲线3个月期利率，T_s取固定常数3。

图3 票据短端利率取1M和3M后的斜率走势对比

作为对比，笔者采用相同的计算方法，计算了AAA级同业存单的斜率数据。观察AAA级同业存单短端利率取1M和3M后的斜率走势对比图可以发现，使用1M数据较3M数据计算的斜率波动幅度稍大，但两条斜率曲线走势高度一致，没有出现图3中的显著凸起形态。

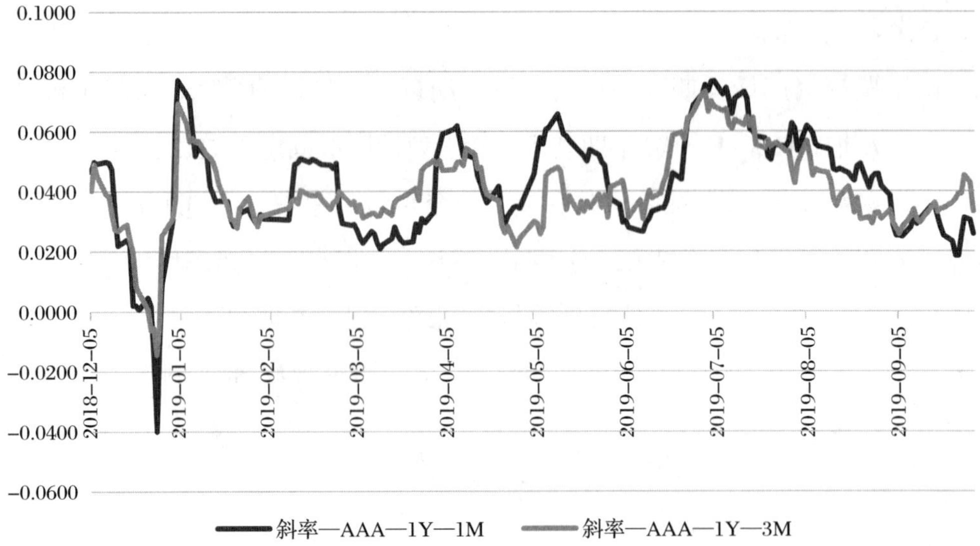

注：斜率—AAA—1Y—1M代表R_s取AAA级存单1个月期利率，T_s取固定常数1；
斜率—AAA—1Y—3M代表R_s取AAA级存单3个月期利率，T_s取固定常数3。

图4　AAA级同业存单短端利率取1M和3M后的斜率走势

为了解释斜率变化趋势的不同，取5月31日和6月3日两个交易日的BAEX-1曲线进行对比，观察图5可以发现，相邻的两个交易日间，票据1M利率变化高达42个基点。1月18日、2月22日票据斜率凸起形态的情况与此类似。观察图6可以发现，相邻的2个交易日间，票据1M利率变化高达131个基点，整条曲线的各个期限在次月都有显著的向上平移。

这说明BAEX-1曲线的1M利率经常会大幅下探，其原因应该是1M票据资产久期较短，通过交易实现收益较少，商业银行更倾向于使用1M资产满足占

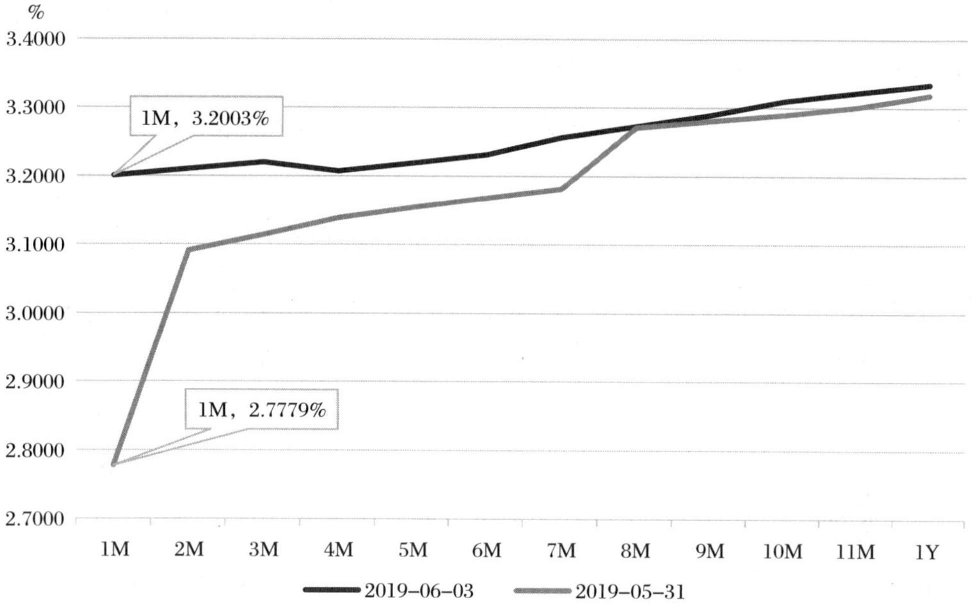

注：1M~11M代表“1个月期”至“11个月期”；1Y代表“1年期”。下同。

图5 5月31日和6月3日BAEX-1曲线对比

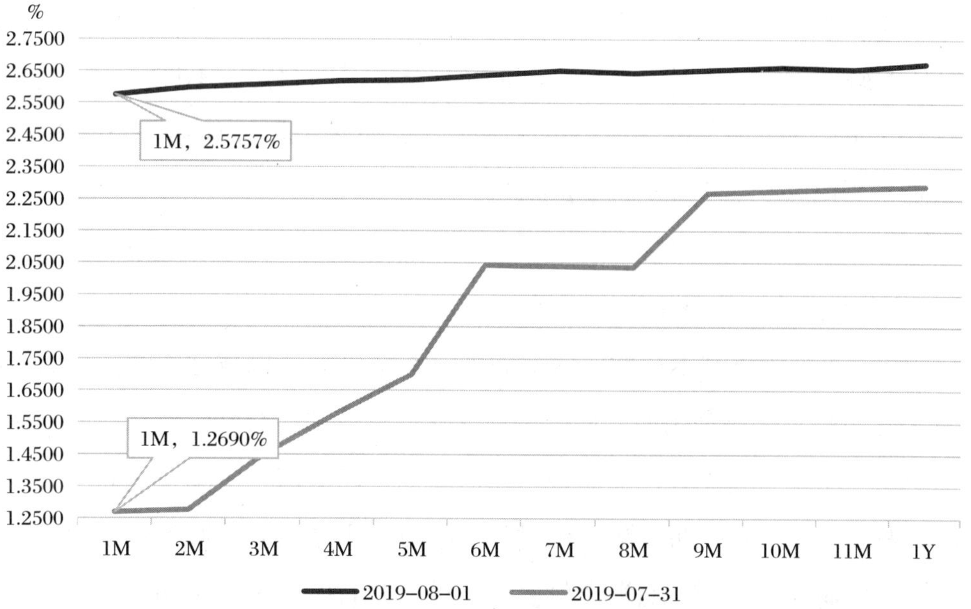

图6 7月31日和8月1日BAEX-1曲线对比

用信贷规模的需要，故整个市场1M票据的交易意愿低下，容易出现非常低的交易利率。值得注意的是，在2019年7月末1M利率非常低的情况下，短期低利率会产生溢出效应，大幅拉低其他期限的利率水平，这些都是信贷规模因素的作用。

4. 小结。从曲线浮动范围看，票据资产同时具有资金属性和信贷属性，这使票据利率与其他货币市场利率既具有趋同性，又具有差异性。从曲线期限结构看，BAEX-1曲线短期利率较低，长期利率较高，收益率曲线呈向上形态，3M、6M、9M、1Y利率波动趋势相关性非常高，可以使用现有的各类收益率曲线投资策略进行分析。从曲线斜率上看，BAEX-1曲线斜率受到信贷规模的影响很大，特别是短端取1M利率时，BAEX-1曲线斜率有较大波动。

在交易策略中，要保证策略在实盘交易中更符合实际，必须保证当前时间、当前标的和当前价格有足够的市场容量，可以在交易信号出现时满足交易需要。考虑到票据市场实际情况，在后续的投资策略分析中，将进行以下调整：（1）在一些月末时点，利率容易出现“离群值”，同时市场交易量有限，有可能存在“有价无市”的情况。为确保交易策略在实际中可以执行，在数据分析和交易策略制定中，剔除每月26日及以后的数据，不进行实际交易。（2）计算BAEX-1曲线斜率或进行交易时，短端利率取3M而不是1M，避免因1M数据过分偏离产生不准确的交易信号。

（二）收益率曲线斜率投资策略

1. 斜率投资策略基本思路。收益率曲线斜率策略（也被称作收益率曲线陡峭/平坦化策略）是指利用曲线期限利差变化进行盈利的交易策略。当预测曲线斜率变大（曲线变陡）时，长期资产相对短期资产价值将下降，此时应当做空长端、做多短端，获取曲线陡峭化过程的收益。当预测曲线斜率变小（曲线变平）时，长期资产相对短期资产价值将上升，此时应当做空短端、做多长端，获取曲线平坦化过程的收益。

不论曲线斜率变大或变小，由于投资组合中同时包含做多曲线和做空曲线的部分，曲线整体上升（各期限利率普遍上涨）或曲线整体下降（各期限利率普遍下降）都可以有效对冲损益，只有斜率变化才会导致投资组合发生盈利或亏损。做多和做空的比例，一般可以通过两种方法确定。一是通过计算长端或短端BPV（Basic Point Value）来决定，即通过计算长端或短端期限利率各变化一个基点，投资长端和投资短端分别带来的价值变化的比值来决定。二是构建计量经济学模型，使用历史数据，对做多和做空的两种资产进行拟合，以两种资产之间的相关系数作为做多和做空的比例。

2. 斜率投资策略在票据市场的应用。

（1）数据选取。票据数据：选取上海票据交易所BAEX-1曲线，斜率计算采用1Y和3M数据，期限为2018年12月5日至2019年9月30日。

同业存单数据：选取AAA级同业存单收益率曲线，斜率计算采用1Y和3M数据，期限为2018年12月5日至2019年9月30日。

国债期货数据：选取国债期货2年期主连合约收盘价，期限为2018年12月5日至2019年9月30日。

（2）票据斜率的分类。票据斜率可分为绝对斜率和相对斜率两类。通常情况下，斜率投资策略使用的是绝对斜率，即预测斜率绝对值的变化趋势，并提前完成相应的资产配置。但如前文分析，票据利率长期跟随货币市场变化，中短期受信贷规模影响，整体上围绕货币市场利率进行波动。本文推测，票据收益率曲线斜率也应该具有类似特性，即票据斜率长期应该趋同于货币市场收益率曲线，短期波动终将向长期回归。因此，斜率投资策略也可以使用相对斜率，即预测票据斜率相对于AAA级同业存单斜率的差值的变化趋势，据此提前完成相应的资产配置。

（3）票据斜率的预测。斜率投资策略的核心是预测斜率变化，本文采用均值回归的思路进行预测。以绝对斜率预测为例，票据斜率越大，其后期变小的概率越高；反之，斜率越小，其后期变大的概率越高。由于票据收益率曲线推出至今不到1年[①]，历史数据量有限，可以用观察图表的方法设定阈值范围，当斜率超过阈值上限，则采用斜率平坦化策略，按市价平仓之前的投资组合，做多1年期票据，做空3个月票据；当斜率低于阈值范围，则采用斜率陡峭化策略，按市价平仓之前的投资组合，做多3个月票据，做空1年期票据；当斜率回购到均值，在触发下一次策略调整之前，维持多空仓位不变。

（4）票据利率的做空。由于票据市场暂无做空利率的产品，不能同时做多和做空票据利率，故在票据市场使用斜率投资策略时，采取以下两种解决办法。一是进行单边做多。只按照斜率预测做多长端或短端，不进行风险对冲，具体方法不再赘述。二是使用货币市场其他做空工具进行风险对冲。本文选取2年期国债期货主连合约，即不管做多长端票据资产或短端票据资产，都使用2年期国债期货主连合约进行对冲，以下详细说明。

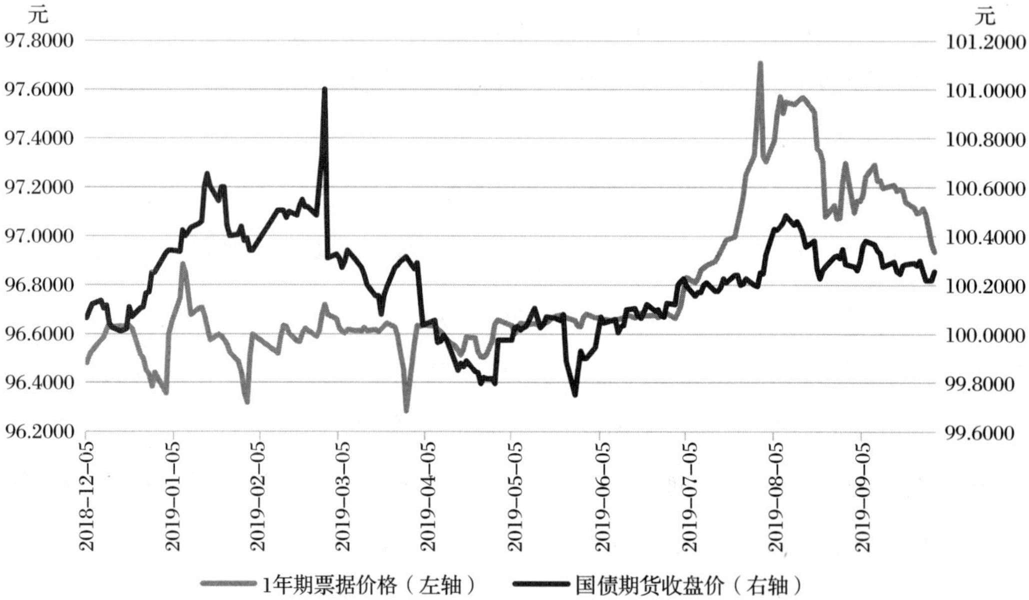

图7 1年期票据价格与国债期货2年期主连合约

① 截至2019年9月20日。

为确定对冲比例，使用1年期票据收益率曲线利率，将票据利率转化为票面金额为100元的票据价格，与国债期货2年期主连合约收盘价进行时间序列分析，发现1年期票据利率和2年期国债期货主连合约均为一阶单整，可能存在协整关系。但以国债期货价格作为因变量，以票据价格作为自变量加截距项建模，相关系数为0.2283，但拟合优度仅有12.4%，票据价格无法解释国债期货的价格变动，表明无法通过做空国债期货对冲票据价格波动风险。因此，在票据收益率曲线斜率投资策略中，采用单边做多方式。

3. 小结。本文设计的斜率投资策略包含绝对斜率和相对斜率两种，绝对斜率取BAEX-1曲线斜率的绝对值，相对斜率取票据与同业存单斜率之差。由于票据利率没有做空工具，国债期货无法对冲票据利率风险，因此，票据的斜率投资策略采用单边做多方式。根据历史数据分析，设定阈值范围，当斜率超过阈值上限，则采用斜率平坦化策略，按市价平仓之前的投资组合，做多1年期票据，做空3个月票据；当斜率低于阈值范围，则采用斜率陡峭化策略，按市价平仓之前的投资组合，做多3个月票据，做空1年期票据；当斜率回购到均值范围，在触发下一次策略调整之前，维持多空仓位不变。

三、策略量化回测分析

量化投资作为一种投资方法，是将投资策略总结成为计算机程序，在投资过程中，程序对外部信号进行加工和分析，形成交易信号指导投资组合进行调整。量化投资可以客观准确地执行投资策略，避免投资过程受到人类情绪的干扰，可以让投资决策更加有据可依。量化投资对配套基础设施的要求较高，本文使用量化投资方法的主要目的不是希望由计算机直接进行票据交易，而是对票据收益率曲线斜率投资策略的有效性进行检验，以期能够在票据交易中起到参考作用。本部分主要内容包括票据斜率投资策略的前提假设、阈值设定、策略设计和收益分析。其中，前提假设和阈值设定是对前文投资策略的进一步细化，策略设计和收益分析则是对投资策略的执行和分析。

（一）前提假设

为了简化量化投资程序、更清楚地说明结论，同时尽可能扩大量化回测结论的适用范围，做如下前提和假设：

1. 起始投资资金为人民币100000000.00元，不考虑交易成本、资金成本、资本成本。

2. 任意金额的交易都可以完全成交，不存在资金剩余的情况。任何交易日的票据交易都可以完成，不存在有价无市的情况。

3. 实际成交价格与BAEX-1曲线计算的票据价格相等，BAEX-1曲线采用收益率而非贴现率计算。

4. 票据投资收益分为利息收益和价差收益。本文不做区分，将票据卖出价格减去票据买入价格，统一合并为投资收益。

5. 若投资期间票据到期，则自动按照市价重新买入票据。

6. 投资期开始于2018年12月5日，结束于2019年9月30日，投资期开始时默认持有足年国股电子银行承兑汇票，投资期结束时默认按照当时市场价格平仓并结算全部损益。

（二）阈值设定

根据2018年12月5日至2019年9月30日BAEX-1曲线和AAA级同存收益率曲线数据，计算票据斜率均值并设定上下限阈值。

1. 绝对斜率的阈值设定。观察期内BAEX-1曲线斜率均值为0.0204，观察图表设置阈值上下限为均值±0.005，即上限为0.0254，下限为0.0154。

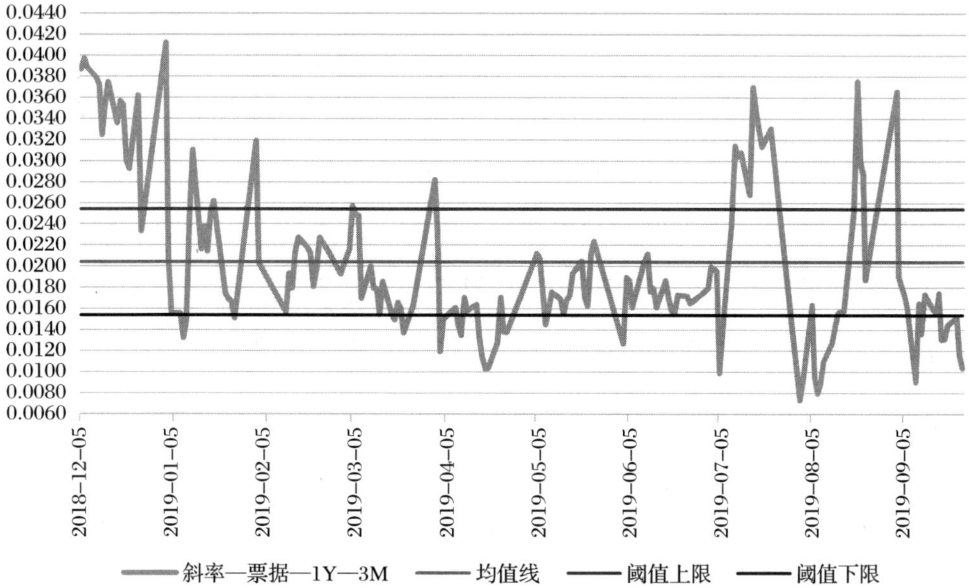

图8 票据绝对斜率、斜率均值与上下限阈值

2. 相对斜率的阈值设定。观察期内BAEX-1曲线斜率差均值为-0.0218，观察图表设置阈值上下限为均值±0.016，即上限为-0.0058，下限为-0.0378。

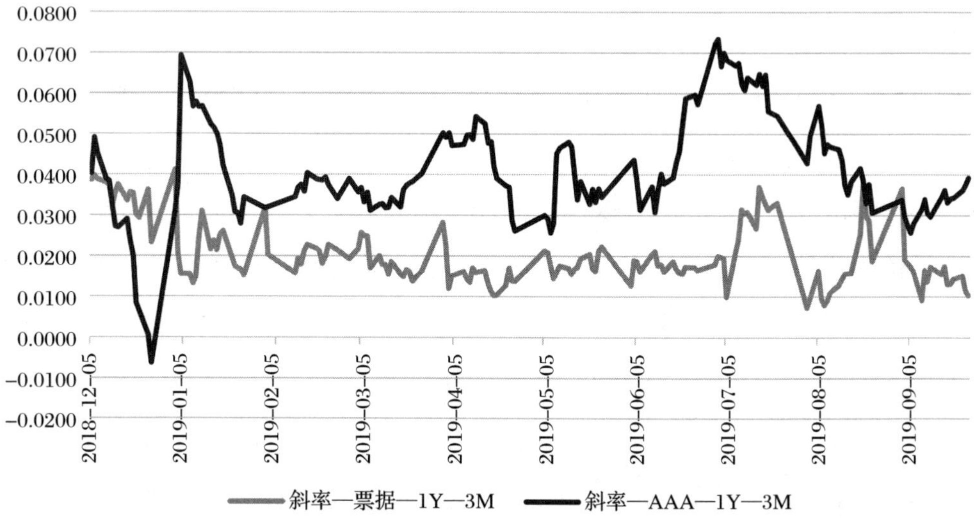

图9 票据斜率与同业存单斜率走势

图10 票据相对斜率、斜率均值与上下限阈值

（三）策略设计

票据斜率上穿阈值上限时，代表长端利率相对高，此时做多1年期票据。票据斜率下穿阈值下限时，代表短端利率相对高，此时做多3个月票据。斜率下穿阈值上限、上穿阈值下限的情况不进行操作。以图10为例，对2018年12月5日至2019年2月1日期间，使用斜率差作为信号的投资策略进行模拟说明。

2018年12月5日，持有100000000.00元足年票据，对应收益率为3.52%。

2018年12月13日，斜率差0.0022上穿上限，继续持有1Y票据。

2019年1月3日，斜率差–0.0409连续下穿上限、均值，不做操作。但斜率差也下穿下限，平仓持有的1Y票据，对应收益率为3.38%。做多3M票据，对应收益率为3.21%。

2019年2月1日，斜率差–0.0004上穿上限，平仓持有的3M票据，对应收益率为3.33%。做多1Y票据，对应利率为3.49%。

（四）收益分析

根据策略设计，本文分别制作了绝对斜率和相对斜率的收益分析表。观察表1内的数据，投资期限299天，绝对斜率策略共发出调仓指令14次、买入交易13次、卖出交易12次。利息收益和价差收益合并来看，只有第四次调仓出现了亏损。价差收益方面，12次卖出交易实现正价差收益的累计8次。投资年化收益为4.20%，同期足年票据平均收益率为3.21%，这表示绝对斜率策略具有一定的盈利能力。

表1　绝对斜率策略收益分析

序号	日期	持有头寸	调仓操作	前组合投资持有天数（天）	前组合投资累计本息收益（1+R）①	投资本息（元）	新组合做多买入利率（%）	前组合平仓卖出利率（%）
1	2018-12-05	1Y	多1Y	—	—	100000000.00	3.52	—
2	2019-01-08	3M	平1Y多3M	33	1.006829	100682874.79	3.00	3.10
3	2019-01-11	1Y	平3M多1Y	3	1.000133	100696304.44	3.32	3.04
4	2019-01-25	3M	平1Y多3M	13	0.999720	100668116.93	3.34	3.48
5	2019-02-01	1Y	平3M多1Y	7	1.000957	100764441.69	3.49	3.20
6	2019-03-19	3M	平1Y多3M	46	1.005310	101299540.38	3.26	3.38
7	2019-04-01	1Y	平3M多1Y	7	1.000789	101440955.07	3.44	3.19
8	2019-04-03	3M	平1Y多3M	2	1.000854	101527546.15	3.26	3.37
9	2019-07-03	3M	多3M	90	1.0081565	102355655.58	3.11	0.00
10	2019-07-10	1Y	平3M多1Y	7	1.001176	102475991.84	3.14	2.86
11	2019-08-01	3M	平1Y多3M	22	1.006302	103121746.63	2.61	2.66
12	2019-08-20	1Y	平3M多1Y	19	1.002029	103330973.11	2.64	2.27
13	2019-09-09	3M	平1Y多3M	20	1.000891	103423084.18	2.63	2.70
14	2019-09-25	3M	平3M	14	1.000634	103488681.45	—	2.81

① 单位为1，非%。

观察表2内的数据，投资期限299天，相对斜率策略共发出调仓指令8次、买入交易7次、卖出交易7次。利息收益和价差收益合并来看，每次调仓都实现了盈利。价差收益方面，7次卖出交易实现正价差收益的累计5次。投资年化收益为3.36%，高于同期足年票据平均收益率，但明显低于绝对斜率投资年化收益。这可能是因为同业存单斜率与票据斜率关联性较低，而相对斜率纳入了同业存单斜率因素，反而影响了信号的准确性。同时，相对斜率指标相较绝对斜率更加平稳，减少了交易机会。

表2　相对斜率策略收益分析

序号	日期	持有头寸	调仓操作	前组合投资持有天数（天）	前组合投资累计本息收益（1+R）	投资本息（元）	新组合做多买入利率（%）	前组合平仓卖出利率（%）
1	2018-12-05	1Y	多1Y	—	—	100000000.00	3.52	—
2	2019-01-03	3M	平1Y多3M	28	1.003876	100387614.29	3.21	3.38
3	2019-02-01	1Y	平3M多1Y	22	1.001739	100562216.81	3.49	3.33
4	2019-04-03	3M	平1Y多3M	60	1.006787	101244734.07	3.26	3.35
5	2019-06-11	1Y	平3M多1Y	68	1.006237	101876211.83	3.34	3.12
6	2019-06-25	3M	平1Y多3M	13	1.001322	102010883.02	3.18	3.32
7	2019-09-02	1Y	平3M多1Y	59	1.005795	102602066.22	2.90	2.50
8	2019-09-25	—	平1Y	23	1.001869	102793878.62	—	2.90

四、总结

纸电融合改造上线后，电票交易迁移至中国票据交易系统进行。证券公司、基金公司等法人机构和各类非法人产品可在票交所登记注册，并在中国票据交易系统进行票据二级市场交易。事实上，部分证券公司已在很积极地开展票据交易。可以预见的是，随着票据标准化进行的不断推进，票据市场将进一步融入我国金融市场体系，票据利率也将与其他金融市场“并轨”，最终实现更高水平的利率市场化。这既是市场对票据基础设施建设的认可，也是对票据资产的认可。参与票据交易的主体越丰富，就会为市场带来更多的投资策略，研究投资策略也就更有价值。本文先对票据收益率曲线的形态进行分析，构建基于收益率绝对斜率和相对斜率的投资策略，最后利用计算机技术进行量化回测，发现绝对斜率投资策略取得了较好的效果。本文在进行量化回测过程中，也进行了许多假设，这些假设在实际交易中可能并不成立，有可能会影响投资策略在实盘交易中的效果，但不论实际效果如何，基于票据收益率曲线斜率的投资策略都可以为票据交易者提供一定程度上的决策参考。

票据转贴现利率模型的开发和检验

杨　炳[①]

［摘　要］票据转贴现利率的影响因素主要有资金利率和市场供求。本文在以往研究的基础上，结合机器学习范式，开发票据转贴现利率的预测系统，每日根据市场最新数据进行模型训练和预测。该系统分为两个模型，模型一使用线性回归模型，根据6个月期股份制银行同业存单利率、7天期银行间质押式回购利率和7天期线上拆借利率，绘制出票据足年国股利率的回归曲线，作为长期基准的预估。模型二使用KNN模型，根据6个月期股份制银行同业存单利率的变动、票据全市场的贴现量/承兑量、微信群收票广告数/出票广告数作为解释变量，来预测下一工作日的票据足年国股利率的涨跌。经检验，两个模型准确率较高，并且能根据市场数据实时调整，快速计算，具有较好的适应性和灵活性。

［关键词］模型；票据；预测；机器学习

① 作者简介：杨炳，供职于中国邮储银行浙江省分行。

一、引言

票据兼具信贷属性和资金属性，是连接金融市场和实体经济的一个重要产品。由于其流转方便，又能调节信贷规模，票据的银行间交易非常活跃，根据票交所公开数据，2018年每月承兑量1万亿~2万亿元，贴现量1万亿元左右，而转贴现交易量能达到3万亿~4万亿元。票据转贴现利率是指票据在银行间流转交易的利率。在一直以来的研究中，票据利率相关因素主要有资金利率和信贷规模。

但以往研究大多是使用历史数据，只是对其中的影响因素进行分析，较少有构建实用性的票据模型来预测下阶段票据利率的研究。对于每天在市场中的频繁交易的交易员来说，除了理论指导，有一个根据市场实时变动的票据模型，来预判最新的利率波动，也是非常有帮助的。目前，随着大数据技术的广泛应用，已经能够建立一个带数据库的预测系统，通过实时地更新数据，频繁训练和运用模型，来辅助交易员形成交易策略。

二、票据转贴现利率的影响因素分析

本文主要采用票据市场供求数据和资金利率来构建模型。

市场供求主要包括市场票源供给和银行对票据资产配置需求，主要数据有上海票据交易所（以下简称票交所）官网每天公布的当日承兑量、当日贴现量、当日交易量。并且，转贴现交易员们在各个微信群发布的业务广告中包含的收票数和出票数的比例，也是一项反映市场供求的重要数据。除此之外，银行的票据信贷规模也能影响票据市场供求关系。2017年，杭明用票据融资余额/借贷总额，作为一个票据信贷规模的指标，发现其能显著影响票据利率。但票据信贷规模数据的主要来源是中国人民银行在每月上旬发布的前一个月报表，这对于每天变化的票据市场，数据更新相对滞后。所以本文没有将信贷规模纳入模型的解释变量。

对于资金利率，以往研究相对更多。票据利率主要应该参考哪个期限的资金利率？以往研究发现，由于票据产品存在短期资金错配，短期资金对票据利率影响更大，如宋松松等（2015）研究发现6个月期票据与1个月期的Shibor相关最大。但票据是一个可以交易的产品，所以长期资金利率对票据利率也会有影响，其影响体现在对未来资金面的预期上，钟俊等（2015）将长期利率和短期利率的利差作为对未来资金面的预期，并作为票据利率回归模型的一个变量。所以本文先假设，从隔夜到一年，各个期限的资金利率对票据价格均会有影响。先初步分析其相关性，再筛选出相对更重要的资金变量来构建模型。

三、研究设计

本研究设计了长期、短期两个模型。模型一采用线性回归模型，通过相关资金利率预测票据利率，模型一的结果可以作为票据利率较长期限预判的一个基准。模型二采用KNN模型，通过资金利率的变动和票据市场供求数据来预测第二天的票据利率涨跌，模型二的结果可以作为票据利率短期内变动的方向预判。

本研究有两个优势：

1. 采用长期基准模型和短期变动模型共同判断票据转贴现利率，使模型的预测更加全面。

2. 采用机器学习范式，从构建好模型之日起开始每日更新数据，训练模型进行利率预测，使模型具有更高的适应性和实用性。

四、实证分析

（一）模型一

模型一通过同业存单利率、银行间质押式回购利率和同业拆借利率来预测票据转贴现足年国股利率。

1. 变量定义。

（1）被解释变量。市场中票据的期限主要集中在1年和6个月，在电票成为主流之后，足年票据相对量更大，并且更能代表整个市场的变动方向。本文采用2018年1月2日至2019年7月25日的票据足年国股利率作为被解释变量。其中，2018年12月6日之前的数据为每日终的足年国股估计值，12月6日之后采用票交所公布的国股票据收益率曲线中的1年期利率。因为月末5天的票据利率波动较大，所以在训练模型一时剔除了月末5天的数据。下文中，票据足年国股利率简称PJ。

（2）解释变量。将各个期限的资金利率经过线性回归预测试初选之后，剔除了影响不显著的变量。最终采用6个月期股份制银行同业存单利率(下文简称TC6)，7天期质押式回购加权利率（下文中简称R7），7天期同存加权利率（下文中简称IB7）。具体来源和解释如表1所示。

表1　解释变量

变量	变量说明
TC6	数据取自中国货币网，从原始数据筛选出各期限的股份制银行的发行条目，根据发行量和发行利率加权而得。样本区间为2018年1月2日至2019年7月25日。
R7	数据取自中国货币网，为当日加权利率。样本区间为2018年1月2日至2019年7月25日。
IB7	数据取自中国货币网，为当日加权利率。样本区间为2018年1月2日至2019年7月25日。

2.模型一结果和分析。因为数据属于时间序列类型，所以要进行平稳性检验，检验发现R7和IB7都是平稳的，而TC6不平稳，进一步进行一阶差分的平稳性检验，发现其一阶差分平稳，然后进行协整检验，发现TC6与PJ存在协整关系，因此可以构建线性回归模型。具体检验指标如表2所示。

表2 解释变量的平稳性检验和协整检验

变量	平稳性检验p值	与PJ协整检验的p值
TC6	0.315	0.013
R7	0.000	—
IB7	0.000	—

构建线性回归模型，数据缺失值使用前一日的数据替代，求得拟合优度（R^2）为0.923。各变量的系数和p值见表3。p值<0.05即为显著。发现TC6、R7与PJ的相关系数为正，IB7与PJ的相关系数为负。由于各资金利率之间可能存在共线性，IB7与PJ的相关性为负，并不一定是真正的负相关。但至少各资金利率整体是与PJ成正相关。本模型并不深究各解释变量的参数值，而是直接使用资金利率整体进行预测。因此可以构建线性模型：

$$PJ = 1.0578 \times TC6 + 0.1012 \times R7 + (-0.1633) \times IB + 0.5106$$

表3 回归系数和p值

变量	系数	p值
常数项	0.5106	0.000
TC6	1.0578	0.000
R7	0.1012	0.02
IB7	-0.1633	0.0034

3. 模型一检验。使用python的scikit-learn库做模型训练和检验，用80%的数据作为训练数据，20%的数据作为测试数据，本模型测试的准确率为90.8%。

（二）模型二

模型二根据当日的市场数据，用KNN模型预测第二日票据利率的上涨、持平或下降。

KNN模型又称临近点模型，是机器学习中的一个分类模型。其分类决策规则就是对输入新样本的邻域内所有样本进行统计数目。而邻域的定义就是，以新输入样本点为中心，离新样本点距离最近的K个点所构成的区域。如图1所示，所有样本有两种分类，用正方形和三角形指代，圆点为新变量，要根据其所处位置预测为正方形还是三角形。例如，当K设定为3时（实线圆圈），就是计算新样本周围3个老样本点的分类比例，新样本的预测分类和某类比例高的老样本是一致的，那新变量就预测为三角形。当K设定为5时，新变量就预测为正方形。 一般来说K值越高，模型越准确，但计算也更复杂，随着K值的增长，模型的准确率也趋于稳定。

KNN模型对2~3个解释变量，二分类的被解释变量的数据集有较好的预测效果，所以本文采用KNN模型来建立模型二。

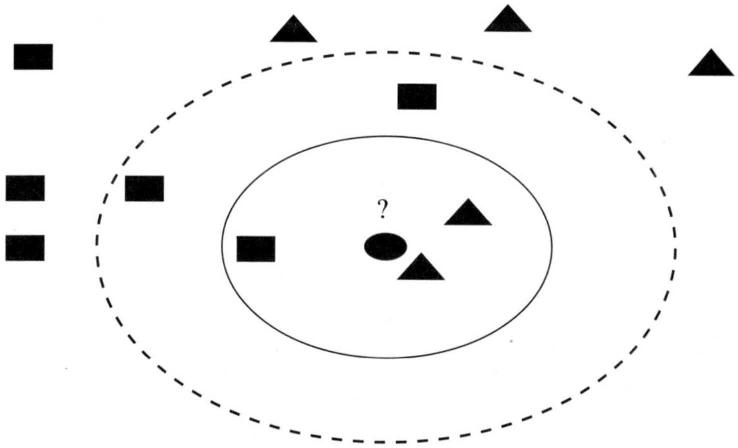

图1 KNN模型示意图

1. 变量定义。

（1）被解释变量。采用2018年2月7日至2019年7月25日的足年国股，第二天的利率变动方向。设定为一个二分类变量：上涨；不变或下降。

（2）解释变量。本文选择了6个月期股份制银行同业存单较上一工作日的利率变动（下文简称TCB6），上一工作日市场贴现总量/承兑总量(下文简称ctb)，当日微信群收票广告数/出票广告数（下文简称scb）。具体变量如表4所示。

表4　模型二变量定义

变量指标	说明
TCB6	数据取自中国货币网，原始数据经过筛选各种期限的股份制银行的发行条目，根据发行量和发行利率加权而计算出当日6个月期股份制银行同业存单利率，再相比前一天计算利率变动。
ctb	数据取自票交所，票交所每天公布上一工作日的数据。
scb	数据每天取自几百个微信群中的银行交易员票据广告，使用程序自动计算，同一交易员1分钟之内发布的相同广告，会被去重，记为一次。

观察自变量的变动对因变量的影响。从图2、图3可以看到微信群收票/出票的数值比较能预测第二天票据利率的涨跌。

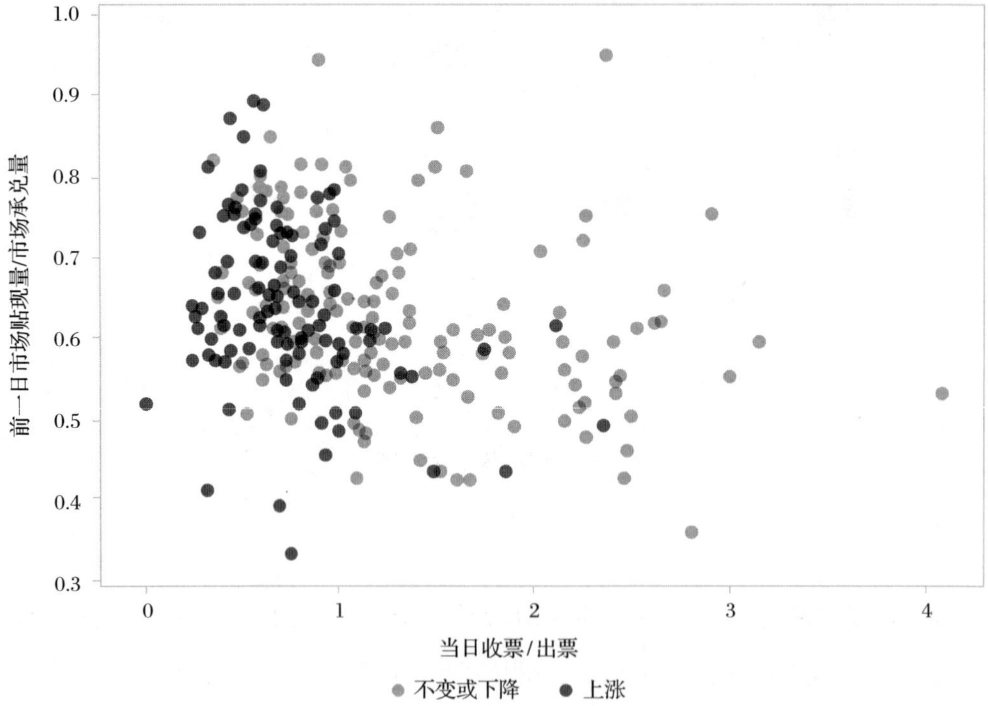

图2　当日收票/出票、上一工作日市场贴现总量/承兑总量的分类

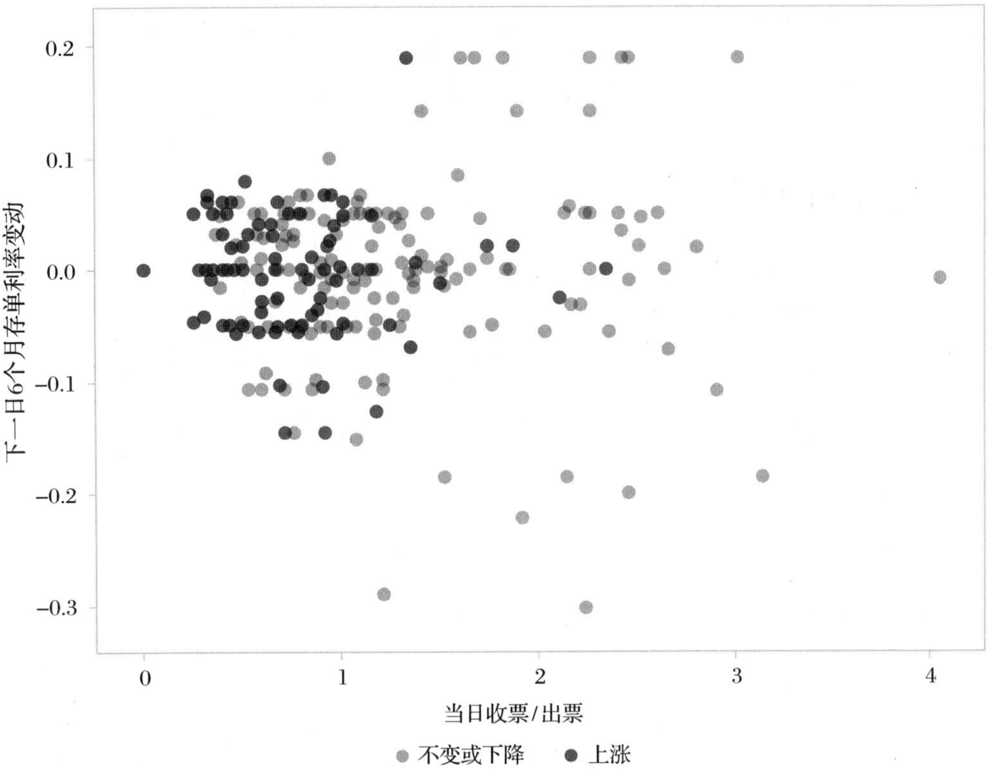

图3 当日收票/出票、6个月期股份制银行存单利率变动的分类

2. 模型构建和检验。数据缺失值使用前一日的数据替代，使用python的scikit-learn库做模型训练，用80%的数据作为训练数据，20%的数据作为测试数

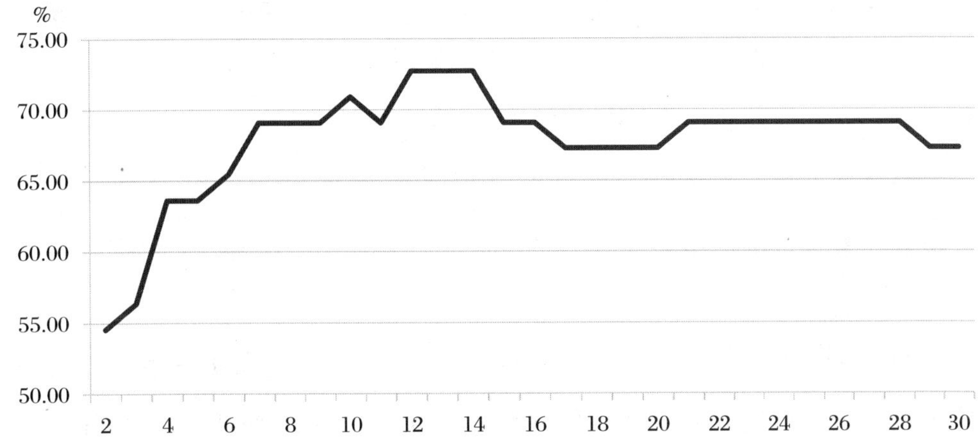

图4 KNN模型和准确率及K值

据。检验发现，如图4所示，在取点足够多之后，模型准确率在65%以上，具有参考意义。本模型取$K=12$作为邻域的计数值。

五、研究结果与讨论

（一）模型的使用

本模型每天更新数据并作出预测，模型一为回归曲线，可以作为中长期趋势判断，估计近期一段时间的回归基准利率。模型二可以做短期的预判，预判第二天价格是上涨，不变还是下降（见图5）。

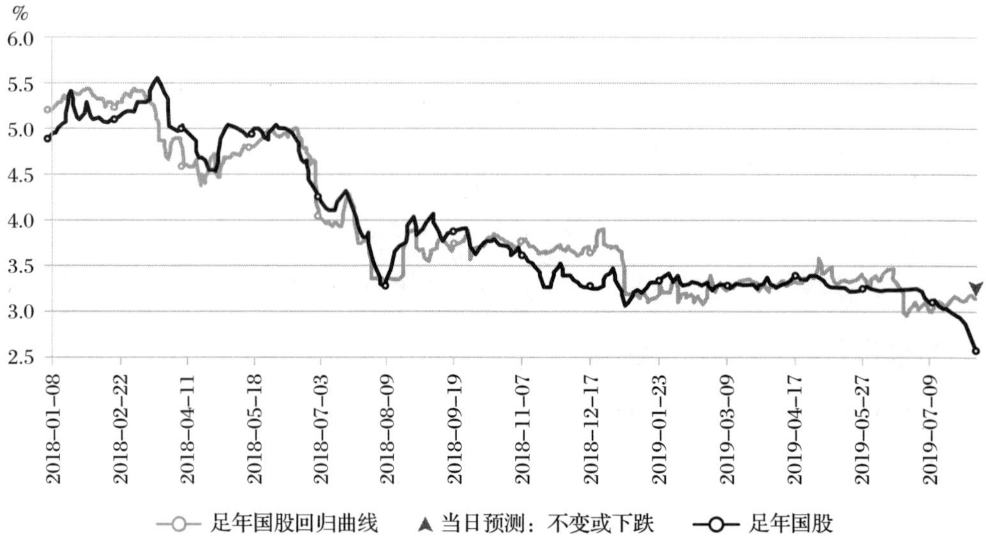

图5 模型一和模型二预测

（二）模型一与实际利率的偏离

模型一着重对中长期利率的市场预判，而模型二预测第二天票据利率的涨跌，对于短期的预判更有意义。

从图5中可以看到，模型一的回归曲线在某些时候偏离实际利率较大，主要原因是信贷规模的影响。2018年底和2019年7月，回归曲线和实际价格背离的原因是信贷规模宽松，进而导致票据利率偏离资金价格。从模型建立之后，到近期模型一的预测正确率也有所下降，而模型二的准确率一直在65%以上，相对比较稳定。主要原因也是近期银行间信贷规模继续宽松导致。虽然排除了月末5天，信贷规模对整个月的影响依然存在。后续研究如果能将信贷规模量化，加入模型。或者根据中国人民银行的公开月报，再引入一个以月度为单位的更长期的基准预估模型。

（三）扩展模型二的变量

在模型二的解释变量中，目前票据市场公开的数据主要是当日承兑量和贴现量。期待日后票交所每日公布票据市场余额数据。

模型二中用市场情绪指标对票据市场进行预测有创新意义，但市场情绪指标还不够完善，如果继续加强自然语言的分析，如增加当日交易市场的广告中票据期限分析、新闻资讯中资金面的情绪分析，将有助于模型的准确性。

（四）被解释变量的扩展

本文选取足年国股票据利率作为模型的被解释变量。而票据市场是多期限并存的交易市场。尤其是在票交所公布收益率曲线之后，交易员们对整个市场动态的感知也更加全面、立体，而不再局限于足年利率的涨跌。后续研究可以根据各期限利率和成交量计算出每日的票据市场指数，这能更准确地代表整个市场的走势。

参考文献

[1] 宋松松，李华 . 转贴现利率定价研究 [J]. 创新科技，2014(11)：44–46.

[2] 杭明 . 票据转贴现价格的影响因素分析 [D]. 杭州：浙江大学硕士学位论文，2017.

[3] 钟俊，左志方，王成涛 . 票据价格的影响因素研究——基于票据的资金属性视角 [J]. 南方金融，2015(7)：58–65.

票据市场收益率量化模型研究
——基于利率债逻辑分析框架

方雄平[①]

［摘　要］ 本文在利率债量化模型研究的逻辑分析框架基础上构建票据市场收益率量化模型，对反映宏观经济基本面的居民消费价格指数（CPI）、生产价格指数（PPI），衡量中短期资金面的上海银行间同业拆放利率（Shibor）、同业存单（NCD）、银行间市场回购利率（DR）和反映票据市场供需的贴现量（TX）、票融增量（PR）、贷款增量（DK）八大指标以及外部影响地缘政治、美联储加息、监管政策三大因子分别进行定量和定性分析监测，并利用2016年1月至2019年6月的42组不同月度样本数据组合对票据市场收益率量化模型进行模型修正与实证分析，重点量化分析了生产价格指数、同业存单利率、贷款增量与贴现量四大监测指标对票据市场收益率变化的影响。通过单位根检验、格兰杰因果检验与协整检验分析票据市场收益率量化模型四大变量之间的因果关系和长期均衡关系，并运用向量误差修正模型对票据市场收益率进行静态预测，预测结果对各大机构票据市场交易操作具备一定的参考指导意义。结果表明，反映宏观经济基本面的生产价格指数、衡量中短期资金面的同业存单和反映票据市场供需的贴现量、贷款增量均与票据市场收

① 作者简介：方雄平，招商银行南昌分行票据业务部产品营销室主管。

益率成正相关关系，且票据市场收益率的变化受资金面中短期资金价格的影响最大。其中，PPI每增加1单位，票据市场收益率将提升0.05单位；半年期NCD利率每提升1单位，票据市场收益率将上涨0.59单位；贷款增量每提升1单位，票据市场收益率将上涨0.19单位；贴现量每增加1单位，票据市场收益率将提升0.08单位。

[关键词] 利率债；票据收益率；量化模型；实证分析

2016年12月8日，上海票据交易所（以下简称票交所）正式挂牌成立，中国票据市场发展开启了新的篇章，也是中国票据市场从“乱”走向“治”的标志性事件。随着后票交所时代的到来，票据市场由粗放渠道型发展逐步向市场趋势判断方向发展，各家银行及票据专业研究机构越来越重视对票据市场收益率走势的研究分析。近年来我国票据市场持续发展，规模快速扩大，由于票交所成立时间尚短、票据市场缺乏权威机构公布相关数据、各网站数据口径存在一定的差异化以及各大银行、研究机构之间相关数据及研究成果缺乏广泛的交流与讨论，目前关于票据市场收益率量化模型研究尚处于探索分析阶段。

一、利率债逻辑分析框架

与票据市场高度相关或类似的银行间债券市场经过了近20年的发展变化，目前已成为政府、金融机构和公司等重要的投融资平台。机构投资银行间债券市场的债券大部分投资品种为利率债，即国债、地方政府债、政策性银行债等。票据和利率债均属于大类资产FICC（Fixed Income，Currency and Commodities）中的固收类（FI）资产，利率债的分析框架对于票据市场收益率量化模型研究具有一定的理论指导意义。

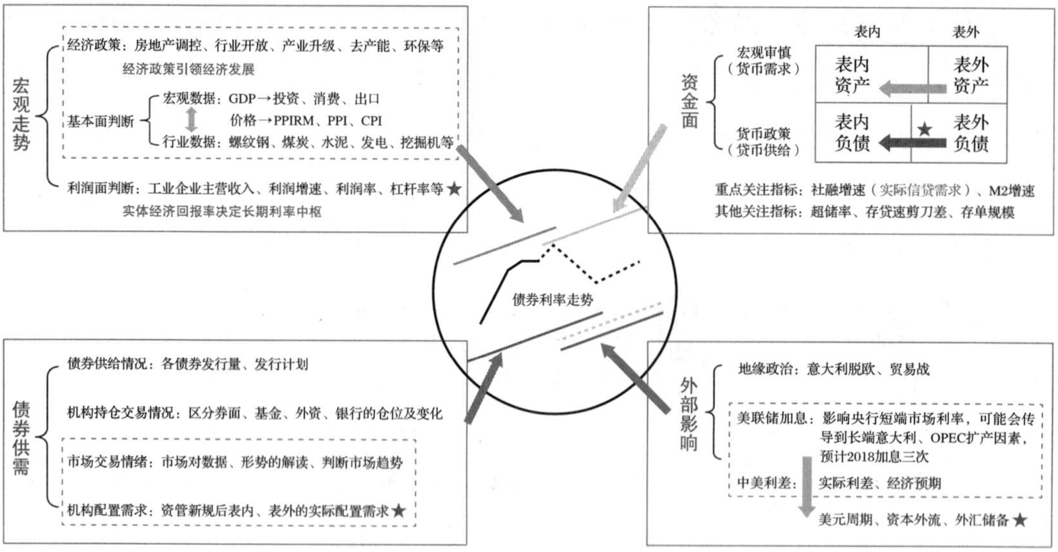

图1　利率债量化模型理论分析框架

利率债模型研究分析框架提出从宏观基本面、货币政策、金融市场等方面自上而下的利率分析体系，并结合宏观货币分析及模型定量分析给出利率债走势的综合判断，具体主要分4个方面分析判断：宏观基本面、资金面、债券供需和外部影响。

在宏观基本面分析方面，重点从三个大的方向判断：第一，通过房地产、“一带一路”、产业升级、降税减费等国家经济政策调整变化分析对宏观经济的影响；第二，通过消费（社消和居民收入）、投资（基建、房地产和制造业）、净出口（出口和进口）、物价（CPI和PPI）和其他数据（PMI、煤炭、发电量和螺纹钢等）判断分析宏观基本面；第三，实体经济回报率决定了利率债实际利率中枢位置，通过工业企业主营收入、利润增速、利润率和杠杆率等判断利润面。

在我国“双支柱”调控框架下，宏观审慎政策实质负责调控信贷，主要承担调节信贷需求作用，货币政策负责调控流动性，配合信贷需求提供相应资金。在资金面分析方面，主要从宏观审慎政策、货币政策以及重点指标监测三个方向分析：第一，从汇率、资本外流、实际利差和流动性四个因素分析判断货币政策调整变化情况，货币政策虽然关注整个金融市场运作但重心相对更偏银行表内；第二，通过宏观审慎政策调整表外资产向表内资产转移逐步实现货币需求的政策调节；第三，通过监测社融、M2、超储率、存贷速剪刀差和存单规模等指标变化情况分析货币供需情况。

在债券供需方面，主要对四个因素进行分析：第一，通过各债券发行计划和发行量判断债券供给情况；第二，通过券商、基金、外资和银行的仓位变化分析机构持仓交易情况；第三，通过市场对数据、形势的解读和判断市场趋势分析市场交易情绪；第四，通过分析“资管新规”后表内、表外的实际配置需求判断机构配置需求。

在外部影响方面，重点对三大因素进行定性分析：第一，通过贸易摩擦等对国外政治带来的影响进行分析；第二，通过美联储加息传导到央行短端市场利率及OPEC扩产因素等影响的分析；第三，通过对中美实际利差及经济预期对资本外流和外汇储备等影响的分析。

二、票据市场收益率模型理论分析框架

（一）票据市场定价逻辑分析框架

1. 长期定价锚。票据和利率债一样同为FICC大类资产中固收类的投资品种，其长期定价锚为无风险利率（Risk Free Rate），无风险利率反映了经济增长与通胀趋势，同时中国的无风险利率还反映货币供给和流动性。根据资本资产定价模型（CAPM）可知：

票据资产长期定价 = 无风险利率 + 票据资产贝塔系数 × 风险溢价

目前预测无风险利率主要运用泰勒规则。

2. 中短期定价锚。票据资产中短期定价锚为风险偏好（Risk-on/Risk-off），根据大类资产定价逻辑：风险偏好 = 短期供需变化 + 市场情绪，其中

Risk-on=风险资产价格上涨，市场波动率下降（股票、垃圾债和另类资产等）；Risk-off=避险资产价格上涨，市场波动率下降（美元和各国政府债）。风险偏好一般围绕长期定价波动。

（二）票据市场收益率理论分析框架

票据与无风险利率之间的利差关系，可比照利率债的信用利差，但影响因素相对更为复杂。本文根据中国货币网和上海票据交易所相关数据分析票据市场收益率与国债利率之间的利差，具体示意图如图2所示。

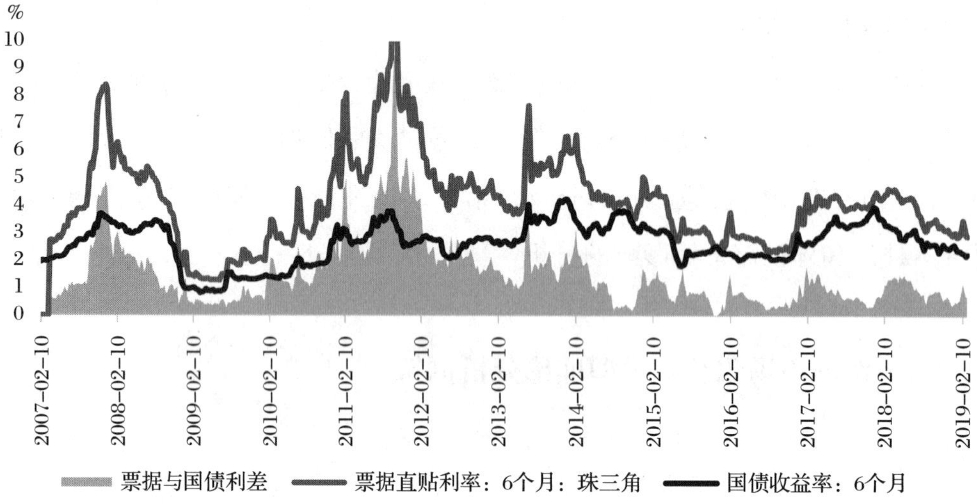

图2 票据与国债利差分析曲线

本文参考利率债逻辑分析框架重点从4个方面分层次地研究分析票据市场收益率波动情况，依次为宏观经济基本面、中短期资金面、票据市场供需以及外部影响。

首先，从宏观经济基本面来看，第一，经济政策引领经济发展的同时直接或间接地引导票据支付结算融资在不同行业的繁荣与发展，如房地产调控政策促进商票保贴成为房地产行业重要融资渠道之一，从而间接影响商票市场收益

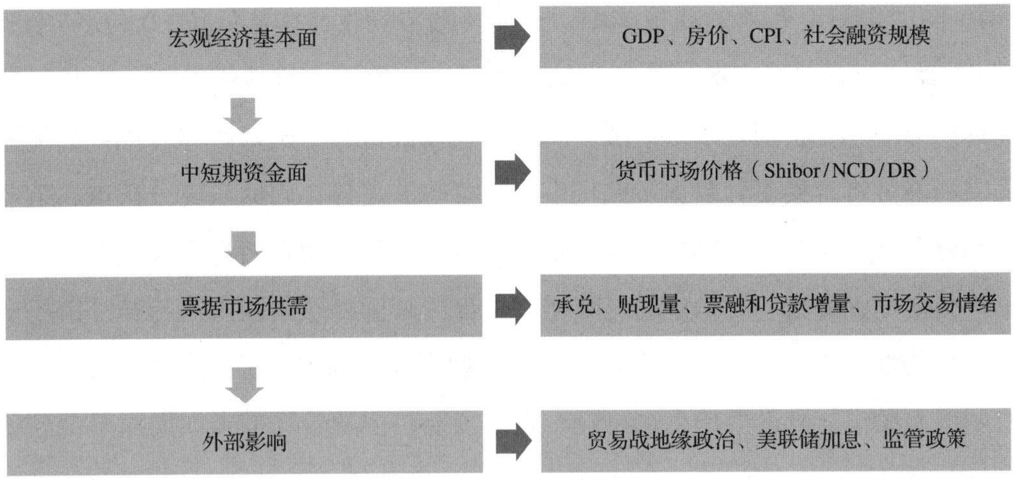

图3 票据市场收益率分析框架

率；第二，实体经济的回报率决定企业融资成本容忍率，进而决定长期票据市场收益率中枢，如再生资源行业对资金周转率要求高，但利润回报率较高，能接受的贴现利率相对也较高；第三，宏观基本面数据大部分是相对滞后的，可运用的指标也有限，本文把GDP、社会融资规模、房价、CPI和PPI等指标作为了解宏观经济基本面趋势的重要参考指标。

其次，中短期资金面也是判断票据市场收益率的趋势级指标：一是央行通过货币政策和宏观审慎政策控制银行的资金成本和信贷规模，来控制全市场的货币投放与需求，从而影响票据市场收益率中短期的利率中枢。二是随着票据市场不断发展与规范，票据的信贷属性不断弱化而资金属性越来越凸显，票据将有望成为标准化资产。三是中国的无风险利率还反映市场流动性，本文将上海银行间同业拆放利率（Shibor）、存款类机构间利率债质押的回购利率（DR）和同业存单利率（NCD）作为资金面价格重点衡量指标。

再次，从票据市场供需情况来看，一是承兑和贴现量的变化影响票据二级转贴现市场供给，特别是当期贴现量直接影响转贴现市场票据供给量，如

2019年1月随着套利票贴现量陡增，票据转贴市场收益率从低位3.0%反转上升到3.55%。二是票据市场主要参与机构的票据配置需求直接影响票价走势，如2019年第一季度特别是票价上涨区间中国农业银行和中国邮政储蓄银行的配置需求和报价将直接引导票据转贴现市场收益率的走势，因此研究分析市场重要参与行票据交易策略重要性不容小觑。而票融增量和贷款增量很大程度上影响机构票据配置需求。三是市场对数据、形势的解读以及判断市场趋势等市场交易情绪的变化将直接影响票据转贴现市场收益率的反转，如市场对于2019年4月中国人民银行降准票价下行有较一致的预期，但随着降准未如期而至。导致4月中旬票价大幅上行。

最后，从外部影响因素来看，一是贸易摩擦等政治事件的走向将影响宏观经济基本面经济发展预期，进而影响票据市场收益率长期中枢。二是美联储加息等将导致资本外流、外汇储备以及国内货币政策的变化，进而在一定程度上影响票据市场收益率中短期的走势。三是票据监管政策变化将在短期内导致票据市场收益率走势的显著变化。

三、票据市场收益率量化模型的构建

（一）模型设定与指标选取

本文提到的票据市场收益率特指票据转贴现市场收益率（下同），根据上文中票据市场收益率理论分析框架，从宏观经济基本面、中短期资金面、票据市场供需和外部影响4个层面分别选取三大指标，重点选取国内生产总值（GDP）、居民消费价格指数（CPI）、生产价格指数（PPI）、上海银行间同业拆放利率（Shibor）、同业存单（NCD）、银行间市场回购利率（DR）、贴现量（TX）、票融增量（PR）和贷款增量（DK）九大量化指标监测票据市场收益率变化，由于地缘政治、美联储加息和监管政策三大外部影响因子无法量化，故本文用随机扰动项μ来表示外部影响因子，同时考虑到各大指标数据周

期、口径的一致性及可得性剔除九大指标中GDP指标，本文将票据市场收益率量化模型初步设定为

$$Y=C_1+C_2NCD+C_3SHIBOR+C_4DR+C_5PR+C_6DK+C_7TX+C_8PPI+C_9CPI+\mu \tag{1}$$

其中，Y表示票据市场收益率，μ 表示外部影响因子随机扰动项。

（二）模型修正与模型描述

本文对2016年1月至2019年6月数据按月度进行数据统一口径处理，并根据票据市场收益率量化模型（1），利用2016年1月到2019年6月共42组月度样本观测数据和计量经济学软件Eviews10.0，可得多元线性回归方程：

$$Y=-0.43-0.17\times S1+1.01\times NCD6+0.51\times DR7+0.01\times PR-0.01\times DK-0.09\times TX-0.05\times PPI+0.10\times CPI+\mu \tag{2}$$

其中，S1表示1个月期Shibor值，NCD6表示6个月期同业存单利率值， DR7表示7天期利率债质押的回购利率值，PR表示票融增量，DK表示贷款增量，TX表示贴现量。

通过计量经济学软件Eviews10.0导入42组月度样本数据，由于多元线性回归方程（2）中的变量S1、DR7、PR和CPI的t统计量所对应的*p*值>20%，利用Eviews10.0选择以显著性水平p值作为判别依据、设置检验水平为5%，进行自动逐步回归，可得如下线性回归方程：

$$Y=1.1196+0.8884\times NCD6+0.0150\times DK+0.1204\times TX+0.0504\times PPI \tag{3}$$

其中，NCD6表示6个月期同业存单利率值，DK表示贷款增量，TX表示贴现量，PPI表示生产价格指数。

因此，利用2016年1月至2019年6月样本数据对模型（2）用逐步回归法进行修正，可得修正后的票据市场收益率量化模型为

$$Y=C_1+C_2NCD6+C_3DK+C_4TX+C_5PPI+\mu \tag{4}$$

其中，Y表示票据市场收益利率，μ 表示外部影响因子随机扰动项。

四、票据市场收益率量化模型实证分析

（一）单位根检验

为了避免上述模型分析中可能出现的伪回归，在进行格兰杰因果检验以及协整分析之前，利用Dickey和Fuller（1981）提出的考察残差项序列相关的ADF检验法对各个变量进行单位根检验，以确定原变量序列的平稳性，其中滞后阶数按AIC和SC最小的原则选取。检验结果（见表1）表明，时间序列NCD6，DK，TX和PPI都是非平稳序列I(1)，经过一阶差分后，ΔNCD6，ΔDK，ΔTX，以及ΔPPI在5%的显著性水平下均为平稳序列I(0)，因此在5%的显著性水平下各时间序列均为一阶平稳。

表1　模型中各变量的单位根检验结果

变量	检验类型	ADF检验	1%的显著性水平下	5%的显著性水平下	10%的显著性水平下	结论
	（C, T, L）	统计量	临界量	临界量	临界量	
Y	（C, 0, 0）	−9.5148	−4.1985	−3.5236	−3.1929	I(0)
NCD6	（C, 0, 0）	−0.8848	−4.1985	−3.5236	−3.1929	I(1)
DK	（C, 0, 0）	−2.5367	−4.1985	−3.5236	−3.1929	I(1)
TX	（C, 0, 0）	−3.0540	−4.1985	−3.5236	−3.1929	I(1)
PPI	（C, 0, 0）	−1.6877	−4.2119	−3.5298	−3.1964	I(1)
ΔNCD6	（C, 0, 3）	−4.2305	−4.2268***	−3.5366**	−3.2003*	I(0)
ΔDK	（C, 0, 3）	−6.3755	−4.2268***	−3.5366**	−3.2003*	I(0)
ΔTX	（C, 0, 3）	−9.5266	−4.2050***	−3.5266**	−3.1946*	I(0)
ΔPPI	（C, 0, 3）	−4.0978	−4.2119	−3.5298**	−3.1946*	I(0)

注：1. 检验形式（C, T, L）分别表示单位根检验方程中包括的常数项，时间趋势和滞后阶数；2. *、**、***分别表示在10%、5%和1%的显著性水平下拒绝原假设，即时间序列是平稳过程。

（二）格兰杰因果检验

格兰杰因果关系实质上利用了VAR模型来进行一组系数显著性检验。格兰

杰因果关系可以用来检验某个变量的所有滞后项是否对另一个或几个变量的当期值有影响。为了判断NCD6、DK、TX、PPI和变量Y之间是否存在因果关系，从而判断将变量加入模型的必要性，显著性的水平下需要对这四个变量进行格兰杰因果检验。由单位根检验，我们知道在5%的显著性水平下各变量时间序列均为一阶平稳，由于格兰杰因果检验只能对平稳序列进行，因此对各时间序列的一阶差分进行格兰杰因果检验。又因为格兰杰因果检验对设定的滞后阶数比较敏感，所以在对变量NCD6、DK、TX、PPI与Y进行因果关系检验之前，须要利用AIC 和SC 准则对不同滞后期的检验结果进行评价，以确定各变量的滞后阶数，在这里仍以AIC和SC取最小的原则选取，检验结果如表2所示。

表2　模型中各变量的格兰杰因果检验结果

检验项目	观测量	x^2值	p值
NCD6不是Y的格兰杰原因	42	23.1043	0.0008
Y不是NCD6的格兰杰原因	42	25.9561	0.0002
DK不是Y的格兰杰原因	42	12.4648	0.0524
Y不是DK的格兰杰原因	42	1.6866	0.9461
TX不是Y的格兰杰原因	42	9.7698	0.0947
Y不是TX的格兰杰原因	42	3.2308	0.7794
PPI不是Y的格兰杰原因	42	0.8766	0.9899
Y不是PPI的格兰杰原因	42	6.1223	0.4096

从VAR模型的统计显著性检验结果可以看出，在短期中，反映资金面的半年期同业存单利率（NCD6）和反映票据市场供需的贷款增量（DK）、贴现量（TX）的变动是票据市场收益率（Y）变动的格兰杰原因，其中p值分别为0.008、0.0524和0.0947，可见这个格兰杰原因是非常显著的，同业存单利率（NCD6）、贷款增量(DK)和贴现量（TX）的滞后期能够非常显著地解释或者预测票据市场收益率的变化情况（Y）。而反过来并不成立，即票据市场收益

率（Y）的变动并不是贷款增量（DK）和贴现量（TX）的变动的格兰杰原因，即票据市场收益率（Y）的滞后期不能够解释或者预测贷款增量（DK）和贴现量（TX）的变动，这种检验结果和本文的理论预期是高度一致的。进而说明，从中短期来看，反映资金面的同业存单利率（NCD）和反映票据市场供需的贷款增量（DK）、贴现量（TX）变量是研究票据转贴现市场利率的最重要的变量之一，将这三大变量引入模型中是非常必要的。

（三）协整检验

格兰杰因果检验表明NCD6、DK、TX、PPI和变量Y之间存在着一定的因果关系，但因果关系很大程度上受到滞后期数的影响，因此本文有必要确定这些变量之间是否存在长期均衡关系。由ADF单位根检验可知，在5%显著性水平下，变量指标NCD6、DK、TX、PPI和Y均为一阶平稳序列，这表明可以进行协整检验，因此本文通过对时间序列作协整分析来确定它们之间是否存在长期的稳定关系。本文根据AIC最小化原则选择协整滞后区间为滞后1期，运用Johansen协整检验对5个变量的时间序列进行协整分析，利用最大特征值以及迹统计量进行协整个数检验，具体检验结果如表3所示。

表3　Johansen协整检验结果

Unrestricted Cointegration Rank Test（Trace）				
Hypothesized		Trace	0.05	
No. of CE（s）	Eigenvalue	Statistic	Critical Value	Prob.
None	0.6530	87.5448	69.8189	0.0010
At most 1	0.3800	45.2125	47.8561	0.0868
At most 2	0.2945	26.0902	29.7971	0.1260
At most 3	0.2133	12.1360	15.4947	0.1505

从表3中可以看出，原假设None下计算的迹统计量的p值为0.0010，可以拒

绝该原假设，认为至少存在一个协整关系；下一个原假设At most 1表示最多有一个协整关系，该假设下计算的迹统计量的p值为0.0868，因此，本文认为在5%的显著性水平下，NCD6、DK、TX、PPI和变量Y之间存在1个协整关系，经标准化后的协整关系式如下：

$$Y=0.5943\times NCD6+0.1871\times DK+0.0835\times TX+0.0460\times PPI \quad (5)$$

从协整方程（5）中不难发现，时间序列间存在着协整关系，系数符号均符合理论预期，若NCD6上升1%，则Y上升0.5943%；若DK每上升1%，则Y上升0.1871%；若TX上升1%，则Y将上升0.0835%；若PPI上升1%，则Y将上升0.0460%，这表明反映宏观经济基本面的生产价格指数（PPI）、反映中短期资金面的同业存单利率（NCD6）和反映票据市场供需的贷款增量（DK）和贴现量（TX）的波动对票据市场收益率均具有较强的正向影响。

（四）向量误差修正模型

协整关系只能说明各个解释变量之间的长期均衡关系和趋势，但无法明确NCD6、DK、TX、PPI和变量Y之间的相互关系，本文基于变量之间存在的协整关系，进一步建立将短期波动与长期均衡联系在一起的向量误差修正模型（VECM），从而明确它们之间存在的影响是正向、逆向或者是双向的。本文通过计量经济学软件Eviews10.0对时间序列设定VAR Specification，并输出VECM结果，在VECM中协整关系表达成误差修正项的形式为

$$\begin{gathered}CointEQ1=0.5034\times NCD6+0.0938\times DK+0.2122\times \\ TX+0.0230\times PPI-4.2233\end{gathered} \quad (6)$$

该误差修正项的表达式与Johansen协整检验中得到的协整关系式系数的正负向是一致的，只是在Johansen协整关系中加入了常数项，导致系数估计值略有差别。VECM中的解释变量不是原序列而是原序列的差分序列（以D表示），因为原序列是非平稳序列，差分后平稳保证了VECM的整体稳定性。VECM的解释变量是各个因变量的滞后项，这与VAR模型的结构完全相同，根据输出结果

本文的VECM为

$$\Delta Y_{t-1}=[0.53, 7.36, 1.61, 0.37]\ \text{CointEQ}_{t-1}+\Delta Y_{t-1}+\Delta Y_{t-2}+\Delta Y_{t-3}+\theta+\varepsilon_t \quad (7)$$

$$\Delta Y_t=[D(NCD6), D(DK), D(TX), D(PPI)]$$

五、结论

本文参考利率债逻辑分析框架方法论构建票据市场收益率波动量化模型理论分析基础，同时利用2016年1月至2019年6月的月度指标共42组样本数据对票据市场收益率量化模型进行模型修正，并对推导出的票据市场收益率量化模型进行单位根检验、格兰杰因果检验、协整检验以及向量误差修正模型进行研究分析，主要结论如下：

第一，近年来随着票据转贴现业务的不断发展，票据的信贷属性不断弱化但资金属性越来越显著，由于银行承兑汇票信用风险相对较低，因此票据市场收益率与资金价格高度相关，且与同业存单利率相关性尤为显著。从协整方程（5）中可以看出，票据市场收益率的变化受资金面中短期资金价格的影响最大，半年期NCD利率每提升1单位，票据市场收益率将上涨0.59个单位。

第二，贷款增量上升意味着各家行贷款投放情况相对较好，故对票据增仓规模的市场需求弱化，各大行特别是中国农业银行和中国邮政储蓄银行等转贴现市场收票规模大贴现量相对较小的国有大行，将通过限量提价收票不断抬高票据市场报价，票据市场收益率将随之上涨，因此贷款增量与票据市场收益率成正相关关系。从协整方程（5）中也可以看出，贷款增量每提升1单位，则票据市场收益率将上涨0.19个单位。

第三，在不考虑票据融资规模变化等其他因素情况下，随着票据市场贴现量的增加，各大行由于票据贴现市场供应量增加可通过直贴满足票库到期及增仓需求，进而转贴市场收票需求下降导致票据转贴市场收益率上行；贴现量增加将导致直贴价格的上涨，并通过票据做市商的直转业务传导到二级市场，导致票据转贴市场利率短期内出现阶段性的上行，因此贴现量与转贴现市场收益率成正相关关系。从上文协整方程（5）中也可以看出，贴现量每增加1单位，票据市场收益率将提升0.08个单位。

第四，生产价格指数（PPI）上涨意味着企业购买的一篮子物品和劳务的总费用增加，企业通过银行承兑汇票结算的总量也将随之提升即票据承兑量增加，一级市场承兑量的供给增加将导致二级转贴现市场供应量增加，票据市场收益率也将随之提升；另外，PPI的上涨预示着宏观经济形势向好进入经济扩张期，企业贷款需求旺盛、市场资金价格也将上涨，票据市场收益率中枢也将逐步上行，因此生产价格指数与票据市场收益率成正相关关系。从上文协整方程（5）中也可以看出，PPI每增加1单位，票据市场收益率将提升0.05个单位。

第五，通过对NCD6、DK、TX和PPI四大重点指标的监测预估以及向量误差修正模型滞后项推导，可根据本文中的票据市场收益率量化模型预测未来一段时间的票据市场收益率的波动趋势，并根据票据市场收益率预测值通过调整仓位和期限结构来实现超出市场预期的收益。例如，票据市场收益率在月内未来一段时间预测值下降，则可通过行外代持、增加票据资管余额、回购他行票且月底买断该批票，直贴买入或转贴现买入且正回购的四种票据交易模式增加实际持票规模，同时通过直贴或转贴买入长期限票据和转贴卖断短期票（含托收票），拉长票据资产加权平均剩余期限至票据市场收益率预测值触底反弹时卖票减仓实现超市场预期的收益。

参考文献

[1] 薛英龙．银行间市场存款类机构以利率债为质押的回购利率作为我国基准利率的可行性研究 [D]. 上海：华东师范大学，2018.

[2] 颜永嘉．我国商业汇票转贴现市场的发展状况、影响及建议 [J]. 上海金融，2010(7)：81-84.

[3] 钟俊．票交所成立：票据市场发展里程碑 [J]. 银行家，2017(1):30.

[4] 王健，朱俊峰．英美票据市场比较和对我国票据市场发展的思考 [J]. 新金融，2001(2):35–37.

[5] 王萍．进一步发展和完善中国票据市场的模式构想和策略研究 [D]. 厦门：厦门大学，2002.

[6] 边维刚．国外票据市场模式比较及中国的现实选择 [J]. 南方金融，2000(8):24–26.

[7] 王琳．票交所时代的票据市场展望 [J]. 全国流通经济，2017(4):63–64.

[8] 徐晓岚．票交所具有推动实体经济发展“四大功效”[N]. 中国证券报，2016–12–08.

[9] 赵慈拉．票交所将创建票据信用生态环境 [N]. 第一经济日报，2016–12–08.

[10] 张玉．票交所完成试运行 降低融资成本可期 [N]. 上海证券报，2017–02–28.

[11] 李光磊．我国票据市场发展面临变革 [N]. 金融时报，2016–09–08.

[12] 刘泉江．规范发展票据市场迎历史性转折 [N]. 金融时报，2017–02–23.

[13] 部友会．电子商业汇票业务发展的观察、分析与思考 [J]. 金融会计，2016(10):52–56.

[14] 冯丽娜．英美国家票据市场发展对我国的启示 [J]. 科学与管理，2008(6):78–79.

[15] 王柏程．中国票据市场与信息平台比较研究 [J]. 信息系统工程，2013(9):36–38.

[16] 李明昌．我国票据市场发展出现“四化”趋势 [N]. 上海证券报，2017–01–21.

[17] 江西财经大学九银票据研究院课题组．新的变化趋势下如何推进票据市场的发展 [Z]. 九银票据研究院，2017.

[18] 江西财经大学九银票据研究院课题组．票据市场出现变局，业内专家深圳论道 [Z]. 九银票据研究院，2017.

[19] 肖小和．票据市场发展趋势：差异化业务创新 [N]. 上海证券报，2015-02-28.

[20] 肖小和．加快推进上海票据市场创新发展 [N]. 上海证券报，2014-11-15.

[21] 肖小和．中国电子商业汇票发展的现状、问题与对策 [J]. 金融论坛，2011(5):48-53.

票据业务创新

中国票据市场发展指数的构建与应用分析

肖小和[①]

［摘　要］ 为有效衡量和反映我国票据市场发展状况与结构变化情况，本文运用主成分分析法创造性构建了中国票据发展指数及中国票据生态指数、中国票据金融指数、中国票据价格指数、中国票据创新指数、中国票据风险指数等二级指数。随着近年来我国经济金融环境的不断改善，中国票据发展指数在2015年末达到了12778点，比基期增长了近12倍，年均增长率超过21%；2016—2017年受票据风险事件频发、监管趋严以及金融去杠杆等因素影响，票据市场回归理性发展，中国票据发展指数有所回落；2018年为应对经济下行压力，政策环境趋于宽松，票据业务恢复增长，中国票据发展指数达到13699点。

［关键词］ 票据；发展指数；主成分分析

一、票据市场的概述

商业汇票（以下简称票据）是指由付款人签发，由承兑人承兑，并于到期日向收款人或被背书人支付款项的一种票据。21世纪以来，我国票据市场发展

① 作者简介：肖小和，江财九银票据研究院执行院长。

迅速，2015年全国金融机构商业汇票累计承兑量和累计贴现量分别为22.4万亿元和102.1万亿元，比2001年分别增长17.5倍和55.8倍，年均增速分别达到22.7%和33.3%；2016年和2017年受票据风险事件频发、监管趋严以及金融去杠杆等因素影响，票据市场回归理性发展，全国金融机构商业汇票累计承兑量分别为18.1万亿元和14.63万亿元，同比分别回落19.2%和19.17%；累计贴现量分别为84.5万亿元和59.34万亿元，同比分别回落17.2%和29.78%；2018年票据业务进入恢复性增长阶段，累计承兑和贴现分别为18.27万亿元和9.94万亿元①，同比分别增长24.84%和38.83%。票据作为一种重要的支付结算和投融资工具，其快速发展对我国经济金融的发展有极大的推动作用：

1. 票据作为经济贸易往来的一种主要支付结算工具，特别是银行承兑汇票兼具信用增级、延期支付和背书转让三大优点，为加快商品流通和资金周转提供了极大便利和支持。2018年票据承兑余额为11.96万亿元，比2001年增长了13.3倍，企业签发的银行承兑汇票主要集中在制造业、批发和零售业。

2. 票据业务可以为实体经济特别是中小企业提供便捷融资渠道和低成本资金，降低企业融资成本，有效扶持企业发展壮大。票据贴现与普通贷款相比其融资成本往往较低，且流程简单、获得资金周期短，特别是对于信用等级相对较低的中小企业，银行承兑汇票所具有的银行信用、放款速度快等特点，对解决我国中小企业融资难问题具有得天独厚的优势和作用。2018年末票据融资余额为5.78万亿元，比2001年增长了16倍，其中由中小企业申请的贴现业务量约占三分之二，票据业务已成为中小企业获得金融支持的重要渠道。

3. 票据业务是银行业优化资产负债结构、加强流动性管理、提高收益的一个重要手段。票据资产兼具资金和信贷属性，且具有较好流动性，成为银行信贷规模调节和流动性管理的主要工具之一。票据承兑业务和贴现业务可以为银

① 《2018年第四季度中国货币政策执行报告》未公布票据累计承兑与贴现数据，本文引用上海票据交易所《2018年票据市场运行情况》累计承兑和贴现数据，此贴现数据仅指直贴业务。

行带来承兑保证金存款和贴现资金留存，为银行主动增加存款提供抓手。票据业务还可以给银行带来承兑手续费中间业务收入、贴现利息收入、转贴现利差收入、回购利率收入以及再贴现低成本资金，为银行扩盈增效、调整收入结构开辟新路径。

4. 票据资产逐渐成为投资和交易的重要标的。由于票据资产风险相对较低、收益可观，逐渐成为理财产品和资管产品重要的基础资产，从而银行、信托、基金、证券公司、财务公司以及企业、个人均直接或间接地参与到了票据资产投资链条。随着票据市场的深化发展和多元化参与主体的加入，票据资产的交易功能不断增强，票据经营模式也从持有生息为主向持有与交易获利转变，市场流动性进一步提高，票据交易也逐渐成为货币市场重要的交易类型。2018年票据交易量达到41.75万亿元，证券、资管产品等非银金融机构已直接参与票据交易。

5. 票据的调控功能进一步深化。票据再贴现业务是央行传统的三大货币政策工具之一，兼具数量型和价格型双重优势，可以调控市场资金面、调节信贷投向、引导市场预期，也是定向支持民营、小微、绿色、创新等国家鼓励性领域、促进实体经济发展最直接、最有效的途径。2018年，央行三次增加再贴现、再贷款额度累计4000亿元，年末再贴现余额为8332亿元，同比大幅增长56.5%。随着我国经济从高速增长向高质量增长转变，货币政策对精准有效的要求不断提高，票据再贴现的调控功能将进一步深化。

因此，我们有理由相信，随着票据市场的稳健规范发展，未来票据对我国调整经济结构，服务实体经济，解决民营、小微企业融资难融资贵问题，提高金融效率，深化金融改革，必将发挥更为独特的作用。

二、中国票据发展指数的概念及意义

中国票据发展指数是通过对系列指标体系进行数量处理构建出的旨在反

映我国票据市场发展状况与结构变化情况的指数，至少包括了中国票据生态指数、中国票据金融指数、中国票据价格指数、中国票据创新指数和中国票据风险指数等二级指数。

构建中国票据发展指数的主要意义在于：一是可以量化我国票据市场的发展水平，科学合理地划分发展阶段，研究和评价历史的发展轨迹，进而规划市场未来发展方向并制定相应政策；二是票据业务对经济增长特别是中小企业融资具有重要作用，票据生态指数可以准确判断全国以及各个地区票据发展对经济的影响程度，以制定适合经济发展要求和区域发展特点的票据发展战略；三是票据市场作为市场化时间最早、程度最高的金融子市场之一，其活跃程度和参与度都已经成为货币市场乃至金融市场重要的组成部分，票据金融指数能够衡量票据市场化程度，以此判断金融市场化进程，从而为进一步推进票据市场化和金融体制改革提供理论依据；四是票据价格指数能够衡量票据市场利率的总体走势，既可以成为市场参与者判断当前市场价位以及未来走向，也能为政策制定者或研究者提供市场资金、规模紧缺与否的参考；五是票据市场的活跃度高，新产品新业务层出不穷，同时监管政策也频频出台，创新与监管的博弈较为激烈，票据创新指数既可以测量票据市场的创新程度和创新冲动，又能使监管机构清楚了解市场发展和创新情况，从而可以制定科学合理的监管政策引导票据创新走向健康可持续发展之路；六是票据的流动性较强，市场的参与主体多样，涵盖了企业、银行、财务公司、信托等，票据风险指数通过测度票据市场的风险因素，综合反映市场的信用风险、欺诈风险等状况，并能前瞻性地预判部分系统性风险。

三、中国票据发展指数的构建及实证分析

（一）中国票据生态指数

该指数用来衡量我国实体经济增长情况以及票据对实体经济的支持作用，

因此选择了国内生产总值（GDP）、社会融资总量（SHR）指标以及承兑余额（CY）、票据累计承兑量（LC）、贴现余额（TY）、累计贴现量（LT）共6个变量。

本文采用主成分分析方法构建中国票据生态指数模型，并进行实证分析。主成分分析是利用降维的思想，将众多指标转化为一个或几个综合指标的多元统计分析方法。综合指标不仅保留了原始变量的主要信息，而且去除彼此之间的相关部分，可以去粗取精，非常适合用于指数的构建。具体步骤如下：

1. 数据选取。考虑到数据的可得性和统一性，本文选择2002—2018年的GDP和票据年度数据，共有17期。同时进行主成分分析必须进行标准化处理，

$$X_{ij}^{*}=\frac{X_{ij}-\bar{X}_{j}}{S_{ij}}，i=1，2，\cdots，17；j=1，2，\cdots，6$$

其中，X_{ij}^{*}表示第i期第j个指标的标准化值，$\bar{X}_{j}$和S_{j}分别表示第j个指标的平均值和标准差。进行标准化处理后每个变量的平均值为零，方差为1，以消除量纲的不同而带来的一些不合理的影响。

2. 数据检验。对变量进行相关性观察及KMO检验和Bartlett检验（见表1），可以看出票据市场交易情况与GDP之间存在很高的相关性，且KMO检验值和Bartlett检验值均符合主成分分析的标准。

表1　票据市场与实体经济相关性矩阵

	CY	LC	TY	LT	GDP	SHR
CY	1	0.9976	0.6430	0.9703	0.9871	0.9448
LC	0.9976	1	0.6746	0.9784	0.9899	0.9551
TY	0.6430	0.6746	1	0.6941	0.6974	0.7312
LT	0.9703	0.9784	0.6941	1	0.9653	0.9643
GDP	0.9871	0.9899	0.6974	0.9653	1	0.9539
SHR	0.9448	0.9551	0.7312	0.9643	0.9539	1

续表

KMO检验和Bartlett检验		
取样足够度的Kaiser-Meyer-Olkin度量		0.8542
Bartlett球形检验	近似卡方值	135.7558
	自由度	15
	显著性水平	0.0000

3.主成分分析。通过SPSS软件对承兑余额（CY）、票据累计承兑量（LC）、累计贴现量（LT）和GDP、社会融资总量（SHR）进行主成分分析，结果显示第一主成分的方差提取率（即累计贡献率）达到90.31%，根据因子载荷矩阵计算出各标准变量的权重系数，由此计算出标准化的中国票据生态指数（BEI^*）：

$$BEI_j^*=0.421\times CY_j^*+0.4245\times LC_j^*+0.3288\times TY_j^*+0.4224\times LT_j^*+0.424\times GDP_j^*+0.4199\times SHR_j^*$$

根据变量的平均值和标准差进行还原得到

$$BEI_j^*=-4.1088+0.1488\times CY_j+0.0681\times LC_j+0.6136\times TY_j+0.0314\times LT_j+0.0275\times GDP_j+0.0728\times SHR_j$$

鉴于常规指数均为正数，因此假设将中国票据生态指数（BEI）基期定为2002年，并将基值定为1000点，从而得出中国票据生态指数（BEI）公式为：

$$BEI_j=\frac{BEI_j^*+4.1088}{BEI_1^*+4.1088}\times 1000$$

$$=\frac{0.1488\times CY_j+0.0681\times LC_j+0.6136\times TY_j+0.0314\times LT_j+0.0275\times GDP_j+0.0728\times SHR_j}{0.1488\times CY_1+0.0681\times LC_1+0.6136\times TY_1+0.0314\times LT_1+0.0275\times GDP_1+0.0728\times SHR_1}\times 1000$$

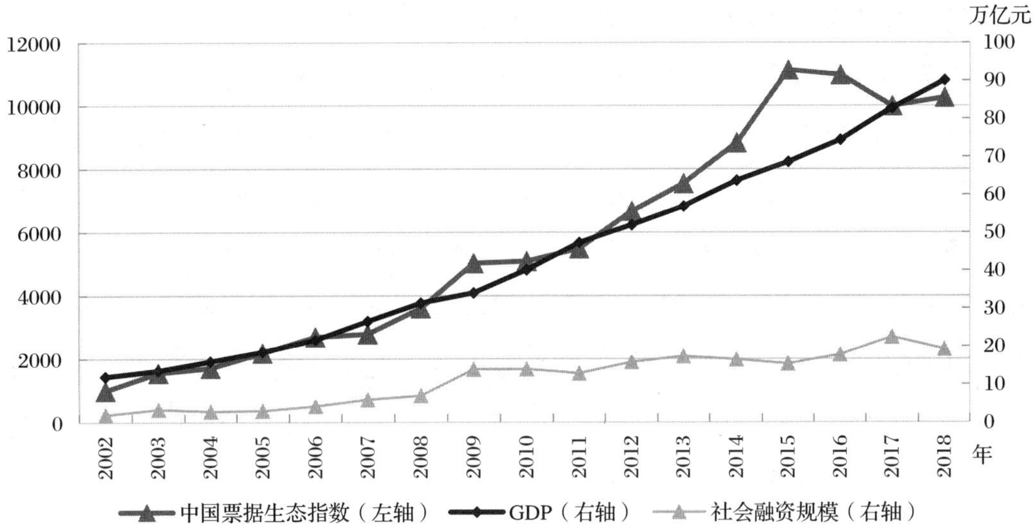

图1 2002—2018年中国票据生态指数走势

从图1中可以看出：（1）我国票据生态指数和国内生产总值、社会融资规模走势保持较高一致性，它们的相关性都在0.98左右，说明中国票据生态指数能够代表票据市场经济环境的变化。（2）我国票据生态指数和国内生产总值的相关系数略高于社会融资规模（0.987>0.977），表明指数反映GDP更多一些，因为GDP代表我国总体经济情况，是票据业务的本源，而社会融资规模则代表了金融对实体经济资金支持的总量，涵盖的票据业务主要是新增票据余额和未贴现银行承兑汇票，但二者数据往往较小且不稳定。（3）2002—2015年，我国票据生态指数和国内生产总值、社会融资规模都在不断走高，表示随着2002年以来我国经济的快速增长以及金融支持实体经济力度的加大，票据市场的经济环境不断改善，2015年达到11133点；2016—2017年由于我国经济增速转轨，金融去杠杆，票据市场理性回归，中国票据生态指数回落至9788点；2018年为应对经济下行压力，政策环境趋于宽松，中国票据生态指数回升至10259点。

（二）中国票据金融指数

该指数用来衡量我国票据市场与金融市场发展的契合度，选择了代表信贷市场的贷款余额（DY）和代表货币市场的交易量（LHB），以及票据市场的承兑余额（CY）、票据累计承兑量（LC）、贴现余额（TY）、累计贴现量（LT）共7个变量。仍采用主成分分析方法构建中国票据生态指数模型，数据选取了2002—2018年的金融市场和票据年度数据，共有17期。通过表2可以看出，各个变量之间的相关程度都比较高，检验指标也非常适合进行主成分分析和指数的构建。数据处理过程如票据生态指数一致，在此不再赘述。通过SPSS软件对上述指标进行主成分分析，结果显示第一主成分的方差提取率（即累计贡献率）达到90.87%，根据因子载荷矩阵计算出各标准变量的权重系数，最终得出中国票据金融指数（*BFI*）：

$$BFI=\frac{0.1495\times CY_j+0.0683\times LC_j+0.5933\times TY_j+0.0314\times LT_j+0.0213\times DY_j+0.0053\times LHB_j}{0.1495\times CY_1+0.0683\times LC_1+0.5933\times TY_1+0.0314\times LT_1+0.0213\times DY_1+0.0053\times LHB_1}\times 1000$$

表2 票据市场与金融市场相关性矩阵

	CY	LC	TY	LT	DY	LHB
CY	1	0.9976	0.6433	0.9703	0.9966	0.9912
LC	0.9976	1	0.6748	0.9784	0.9985	0.9908
TY	0.6433	0.6748	1	0.6942	0.6622	0.6665
LT	0.9703	0.9784	0.6942	1	0.9824	0.9767
DY	0.9966	0.9985	0.6622	0.9824	1	0.9938
LHB	0.9912	0.9908	0.6665	0.9767	0.9938	1

KMO检验和Bartlett检验

取样足够度的Kaiser-Meyer-Olkin度量		0.7676
Bartlett球形检验	近似卡方值	170.0347
	自由度	15
	显著性水平	0.0000

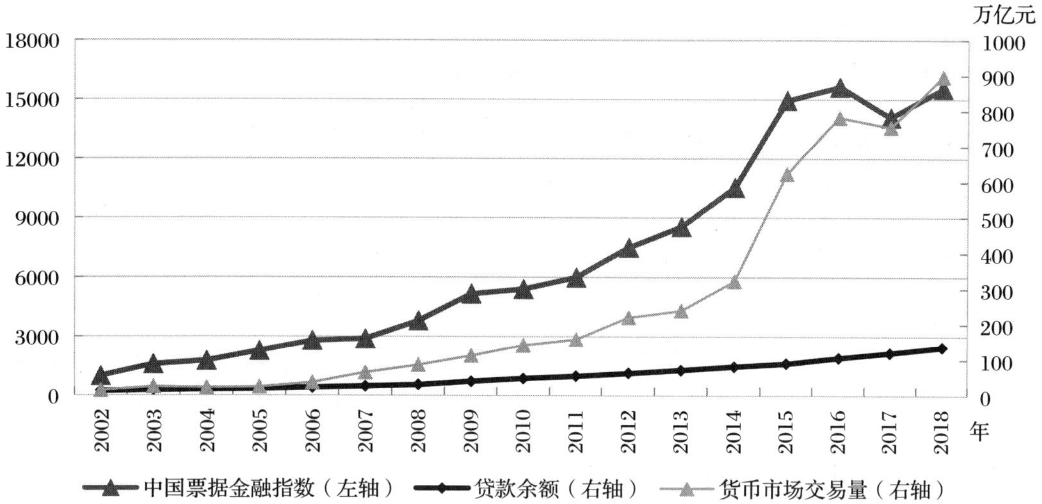

图2 2002—2018年中国票据金融指数走势

同理，鉴于常规指数均为正数，假设将中国票据金融指数（BFI）基期定为2002年，并将基值定为1000点，得到2002—2018年我国票据金融指数走势图。从图2中可以看出：（1）我国票据金融指数与贷款余额、货币市场交易量的走势非常温和，相关系数都超过了0.99，说明票据金融指数可以代表我国金融市场的整体情况。（2）我国票据金融指数与货币市场交易量的相关系数略高于与贷款余额的相关系数（0.993>0.990），表明票据资产虽然兼具信贷和资金双重属性，但偏向于资金属性，特别随着近年来票据资金化趋势越来越明显，票据业务的货币属性和交易属性进一步增强；而贷款余额总体受央行管理，票据的信贷调节作用有所下降。（3）2002—2018年我国票据金融指数和贷款余额、货币市场交易量都在不断走高，票据市场的金融环境不断提升，2016年中国票据金融指数达到15624点；随着金融去杠杆和监管强化，2017年成为金融市场的转折点，货币市场和票据市场交易量均出现下滑，中国票据金融指数相应回落至14084点；2018年货币政策转向，资金面宽松，金融市场交易活跃，中国票据金融指数回升至15537点。

（三）中国票据价格指数

该指数用来衡量我国票据价格走势情况和趋势，由于没有官方发表的权威数据，因此选择了中国票据网的利率报价加权平均值，分别是转贴买入利率（MR）、转贴卖出利率（MC）、正回购利率（ZHG）和逆回购利率（NHG）共4个变量①。数据选取时间段为相对较全且具有可比性的2010—2018年，由于时间短，因此使用了季度数，共有32期。仍采用主成分分析方法构建中国票据生态指数模型，通过表3可以看出，各个变量之间的相关程度都较高，检验指标（KMO检验和Bartlett检验）也非常适合进行主成分分析和指数的构建。数据处理过程与上述一致。通过SPSS软件对上述指标进行主成分分析，结果显示第一主成分的方差提取率（即累计贡献率）达到92.3325%，根据因子载荷矩阵计算出各标准变量的权重系数，可以得出标准化的中国票据价格指数（BPI^*）：

$$BPI_j^*=0.4993\times MR_j^*+0.5076\times MC_j^*+0.4797\times ZHG_j^*+0.5128\times NHG_j^*$$

根据变量的平均值和标准差进行还原得出：

$$BPI_j^*=-6.9087+27.2008\times MR_j+29.4656\times MC_j+42.1583\times ZHG_j+41.0791\times NHG_j$$

鉴于常规指数均为正数，因此假设将中国票据价格指数（BPI）基期定为2010年第一季度，并将基值定为1000点，从而得出中国票据价格指数（BPI）公式为

$$BPI_j=\frac{BPI_j^*+6.9087}{BPI_1^*+6.9087}\times 1000$$

$$=\frac{27.2008\times MR_j+29.4656\times MC_j+42.1583\times ZHG_j+41.0791\times NHG_j}{27.2008\times MR_1+29.4656\times MC_1+42.1583\times ZHG_1+41.0791\times NHG_1}\times 1000$$

① 2017年以来使用上海票交所发布的数据。

表3　票据价格相关性矩阵

	MR	MC	ZHG	NHG
MR	1	0.9909	0.7815	0.9103
MC	0.9909	1	0.8220	0.9326
ZHG	0.7815	0.8220	1	0.9448
NHG	0.9103	0.9326	0.9448	1

KMO检验和Bartlett检验		
取样足够度的Kaiser-Meyer-Olkin度量		0.7237
Bartlett球形检验	近似卡方值	113.0570
	自由度	6
	显著性水平	0.0000

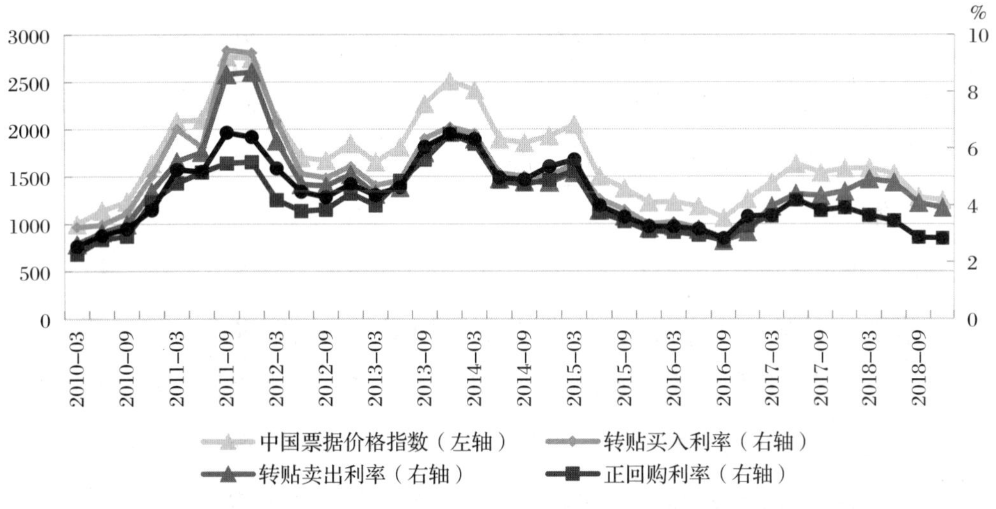

图3　2002—2018年中国票据价格指数走势

从图3中可以看出：（1）2010—2018年我国票据价格指数与票据市场利率走势基本保持一致，相关性均在0.92以上，说明中国票据价格指数能够代表票据价格的整体走势。（2）中国票据价格指数与转贴卖出利率契合程度最高，二者相关性达到0.976，这与转贴卖出利率实质是目前货币市场基准利率的观点相一致，表明中国票据价格指数也能一定程度反映货币市场利率的走势情况，可以作为资金紧缺与否以及紧缺程度的晴雨表进行参考。（3）2015—2016年在全球量化宽松和我国保增长政策背景下，中国票据价格指数不断走低；随着宏观政策逐渐收紧，票据利率有所回升，2017年中国票据价格指数达到1585点；2018年政策环境趋于宽松，票据利率快速下行，2018年中国票据价格指数回落至1252点。

（四）中国票据创新指数

该指数用于衡量我国票据业务和产品的创新情况，这可以从票据业务和产品的创新数量、交易量、总收入以及在票据传统业务中的占比等维度进行测评，通过中国票据创新指数的构建来反映不同时期票据市场的活力以及未来的发展趋势和持久力，同时也可以成为监管机构出台政策的依据和效果反映指标。但由于目前这3个指标均没有公开的官方统计数据以及其他权威性较强的替代数据，因此仅提出相关想法供探讨和完善，当然通过监管机构建立票据创新统计制度体系及系统之后也可以取得。

（五）中国票据风险指标

该指数从票据承兑垫款率、票据贴现逾期率、票据案件发生率、票据资金损失率等维度进行评估，用来衡量我国票据市场的综合风险状况，可以成为票据经营机构把控风险、制定经营策略的重要参考指标。但是，目前这些指标难以搜集到适合的数据，票据承兑垫款率只有2007—2009年的季度数，缺少最新数据，据典型调查在0.15%~0.25%，但不够准确，因此此处仅提出相关想法供探讨和完善，当然如果监管机构能建立票据风险统计制度和相关系统即可公开发布。

（六）中国票据发展指数

该指数用来衡量我国票据市场发展的总体情况，选择了代表票据市场的承兑余额（CY）、票据累计承兑量（LC）、贴现余额（TY）、累计贴现量（LT）、转贴买入利率（MR）、转贴卖出利率（MC）、正回购利率（ZHG）、逆回购利率（NHG）和未贴现银行承兑汇票（WYC），代表实体经济方面的国内生产总值（GDP）、社会融资总量（SHR），代表金融方面的贷款余额（DY）和代表货币市场的交易量（LHB），代表创新方面的票据理财产品占比（PLC），代表风险方面的票据承兑垫款率（PCD），共15个指标，虽然票据理财产品占比和票据承兑垫款率不能完全代表票据创新和风险情况，但限于公开可得数据考虑将其纳入指标体系。数据选择2003—2018年的季度数，共64期数据，但由于票据理财产品占比和票据承兑垫款率数据限制，实际自由度只有17个。对上述数据运用主成分分析方法进行计算，结果显示存在3个主成分，累计贡献率达到89.11%。通过合并转化计算综合主成分，即中国票据发展指数（BDI）。鉴于常规指数均为正数，假设将中国票据发展指数基期定为2003年第一季度，并将基值定为1000点，得到2003—2018年各季度我国票据发展指数走势图。

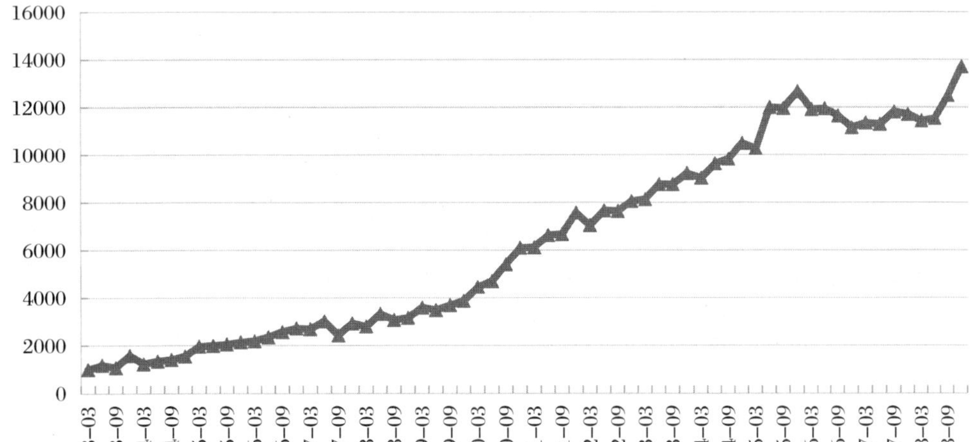

图4 2003—2018年中国票据发展指数走势

通过分析可知：（1）随着近年来我国经济金融环境的不断改善，票据市场得到了迅猛发展，中国票据发展指数在2018年末达到了13699点，比基期增长了近13倍，年均增长率超过20.5%。（2）图4中显示中国票据发展指数存在明显的周期性波动，即年末迅速升高、年初回落的特点，这与GDP等经济金融指标存在周期性变化是相一致的。（3）构建的指标中与中国票据发展指数相关性较高的有票据承兑余额、累计承兑量、贴现量、GDP、贷款余额、货币市场的交易量、票据理财产品占比和票据承兑垫款率，而票据利率与发展指数相关程度相对较低，这主要因为票据利率多跟市场资金、信贷规模等资源有关，跟票据市场发展阶段和发展程度的关系相对较小。（4）与中国票据发展指数成负相关的指标只有票据承兑垫款率和贴现余额，前者因为票据市场的发展与风险的发生比例往往成反比，后者主要是票据贴现余额作为信贷调节工具受宏观政策影响巨大。

四、中国票据发展指数的应用

（一）区域票据发展指数的构建

中国票据发展指数除了可以用于衡量我国票据市场总体发展状况以外，也能够借鉴用于编制全国各个省市的区域票据发展指数，从而比较各地区票据市场的发展情况，进而有利于地方监管机构出台适合区域特色的票据发展政策，也方便各类型、各地区的市场参与主体制订相适应的经营策略、设计适销对路的票据产品。由于区域性数据比全国性更少，因此本文选择了承兑余额、承兑发生额、贴现余额、贴现发生额、GDP和贷款余额6个指标，并假设2006年全国平均水平为基值，同样运用主成分分析法得出2006—2017年全国31个省、自治区和直辖市(香港、澳门、台湾地区除外)票据发展指数如表4所示。

表4　2006—2017年中国各区域票据发展指数

地区	2006年	2007年	2008年	2009年	2010年	2011年	2012年	2013年	2014年	2015年	2016年	2017年
全国平均	1000	1795	1822	1925	1902	1969	2064	2010	1985	1882	1907	2046
广东	3478	5539	5319	5760	5349	5853	6085	6207	6437	5276	5604	7285
江苏	3272	5607	5734	5356	6132	6420	7088	7252	7167	6695	6515	6675
浙江	2561	5753	5868	5873	5590	5470	5464	4981	4999	5309	4873	5022
山东	2808	4804	4687	4958	4677	4885	5269	5220	5108	4820	5077	4893
河南	1235	2328	1522	3291	3568	3132	2258	2224	2212	2181	1902	3123
上海	2504	4261	4795	4439	3362	3478	3396	3557	3666	2779	2129	3009
北京	1701	2738	2871	2886	2802	2744	2764	2615	2615	2614	2732	2991
辽宁	1451	2587	2614	2928	2600	2554	2707	2720	2540	2583	3019	2851
河北	1205	1914	1781	1996	2040	2142	2227	2414	2390	2420	3684	2635
湖北	857	1631	1104	1381	1268	1519	1617	1997	1950	2036	2137	2158
四川	1044	1815	1687	1912	2041	2018	2240	2162	2031	1923	2448	2023
福建	770	1546	1544	1707	1777	2056	2155	2192	2179	1769	1957	1925
重庆	772	1387	1402	1770	1543	1635	1905	1981	1976	1858	1678	1755
安徽	632	1155	2773	1802	1746	1741	1916	1701	1675	1568	1590	1704
陕西	507	1066	1092	1148	1109	1156	1159	1171	1172	1327	1268	1615
山西	701	1088	941	930	1080	1304	1357	1645	1273	1127	1249	1530
内蒙古	376	795	790	819	930	1034	1019	1087	1057	984	1121	1511
天津	635	1182	1266	1491	1660	1791	2015	2026	1864	1741	1469	1468
湖南	562	1095	153	714	920	847	960	1423	1470	1199	1367	1397
江西	405	767	766	877	968	1090	1114	1122	1185	1438	1037	1267
云南	427	857	814	882	864	909	1018	1135	1022	913	926	1145
广西	312	617	1044	193	174	203	218	867	982	970	713	856
新疆	282	515	480	536	734	591	682	763	707	731	893	813
吉林	334	665	772	766	751	936	1267	1072	961	1157	845	801
黑龙江	529	898	911	934	875	912	1055	909	716	884	962	736
贵州	196	397	370	403	456	481	517	628	707	631	510	658
甘肃	223	370	662	451	404	468	541	534	642	583	487	558
宁夏	94	186	178	206	228	283	292	285	298	267	317	418
青海	45	120	107	119	153	179	186	203	221	216	270	369
海南	82	156	623	1223	1256	1243	1437	192	258	304	291	153
西藏	—	—	—	—	—	—	—	38	68	39	32	73

1. 全国各地区历年的票据发展指数。对于全国各地区历年的票据发展指数，如表4所示，我国的票据发展水平总体上呈现提高的趋势，特别是广东、江苏、浙江、山东、河北、辽宁等地上升幅度较大。从供给方看，随着近几年我国经济的飞速发展，企业通过票据的结算需求和融资需求都有了大幅提升；从需求方看，伴随我国金融改革的推进和利率市场化的提速，票据市场越来越受金融机构的青睐，参与主体和票据业务、产品不断丰富，市场活跃程度和条线收入占比都在快速提高。

2. 全国各地区票据发展指数的分析。2006—2017年全国各地区票据发展指数的差距情况如表5所示，从中可以看出，全国各地区全距与标准差正在逐步增大，极差由2006年的3433点增加到2017年的7212点，标准差由2006年的974增加到2017年的1791。票据发展状况在不同维度上并不均衡，地区之间的差距正在逐步加大，东部经济发达地区的票据发展指数明显高于西部欠发达地区，形成东西部之间较为明显的区域差异，即一个地区票据市场的发展情况基本与该

表5 2006—2017年全国各地区票据发展指数差距

年份	地区数	极小值	极大值	全距	均值	标准差
2006	30	45	3478	3433	1000	974
2007	30	120	5753	5633	1795	1700
2008	30	107	5868	5761	1822	1731
2009	30	119	5873	5754	1925	1731
2010	30	153	6132	5979	1902	1666
2011	30	179	6420	6240	1969	1702
2012	30	186	7088	6902	2064	1768
2013	31	38	7252	7215	2010	1769
2014	31	68	7167	7099	1985	1776
2015	31	39	6695	6655	1882	1622
2016	31	32	6515	6483	1907	1661
2017	31	73	7285	7212	2046	1791

地区的经济总量和贷款总规模是相一致的。同时，我们也发现近几年中部地区票据市场的增长速度较快，经济发达的东部地区增长速度反而较慢，这与我国整体经济结构调整、中西部经济金融发展速度加快是相辅相成的。

（二）区域票据发展指数的聚类分析

本文采用聚类分析方法对我国各地区历年的票据发展指数进行归类，通过对输出结果的分析，按照地区来确定票据发展指数的类别，并研究票据发展指数对各个地区的影响。

在聚类方法上，选择组间连接法，即当两类合并为一类后，使所有的两两项之间的平均距离最小。同时，运用标准差标准化方法（Z-Scores），把数值标准化到Z分布，标准化后变量均值为0，标准差为1。最后，输出结果的树状聚类图如图5所示。由树状聚类图可以得出，当把距离设定为7时，全国各地区可以明显分为四大类。

第一类：广东、江苏、浙江、山东。这4个省份在GDP和贷款规模上均是全国前四名，他们的共同特点主要是东部沿海地区经济发达，企业贸易结算和融资需求旺盛，票据资源和金融资源丰富，市场交易活跃，创新能力强，因此该地区从票据承兑、银行直贴到金融机构的转贴现都很活跃，因此票据发展指数在全国遥遥领先。

第二类：河南、上海、北京、辽宁、河北。这些地区经济基础相对较好，金融活跃度相对较高，票据在企业间的支付结算需求和金融机构间的周转融资需求均较为旺盛，因此这些地区各类票据业务均处在全国的中上游。

第三类：湖北、四川、福建、重庆、安徽、陕西、山西、内蒙古、天津、湖南、江西、云南。这些省份大多位于中部地区，经济总量和金融资源存量处于全国中等水平，随着我国经济结构调整加快，中部经济增速逐渐超过东部沿海地区，因此这些地区的票据一级市场（承兑业务）相对活跃，二级市场正在迅速成长，该类型的特点就是票据市场发展迅速且潜力巨大。

第四类：广西、新疆、吉林、黑龙江、贵州、甘肃、宁夏、青海、海南、西藏。这些省份多位于中西部和东北部地区，综合经济和金融资源相对较为落

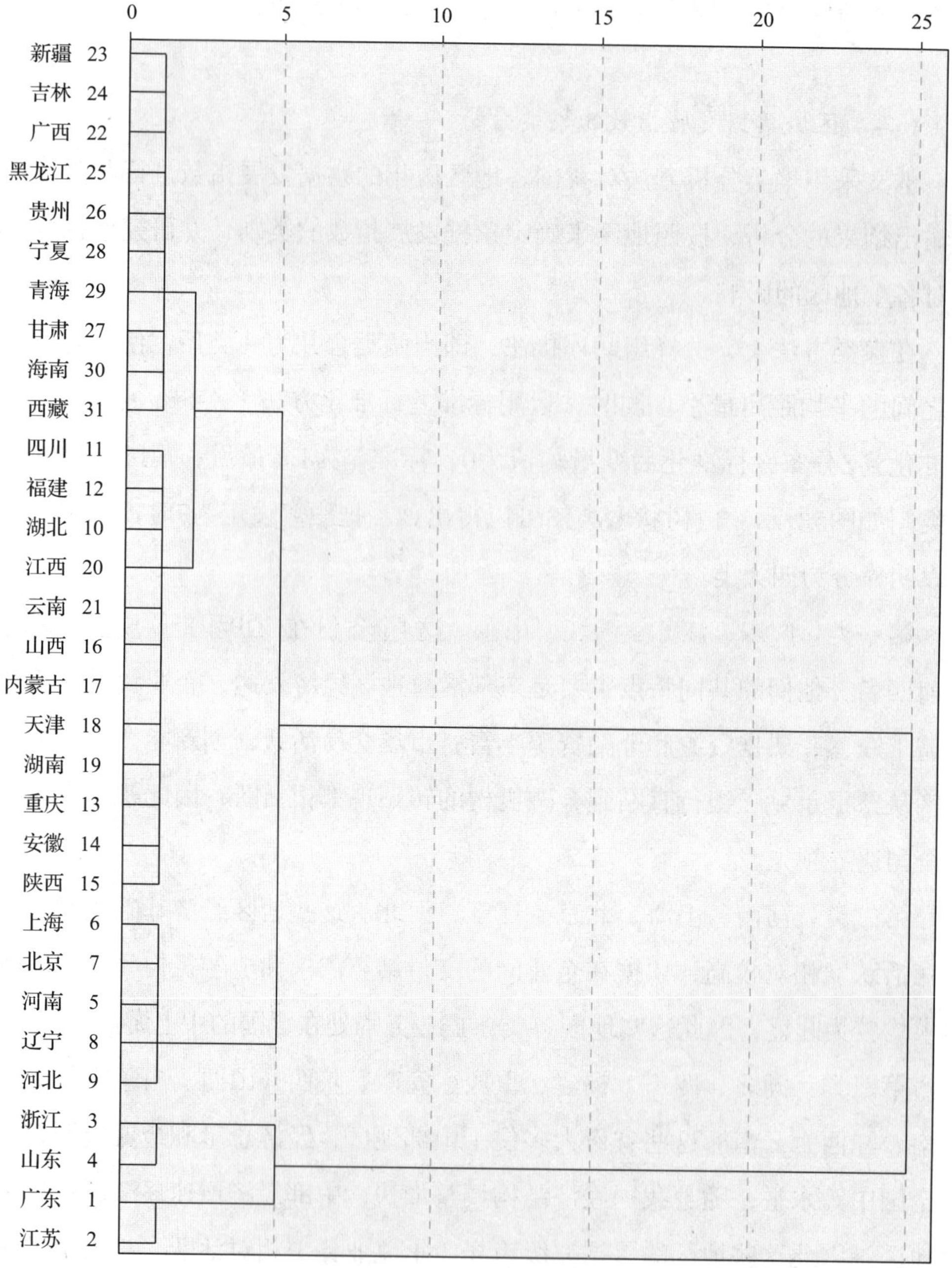

图5 使用平均连接（组间）的树状图（重新调整距离聚类合并）

后，票源较为稀缺，参与主体相对较少，投入票据市场的金融资源也不足，票据市场发展相对落后。

参考文献

[1] 中国人民银行货币政策分析小组，历年中国区域金融运行报告。

[2] 上海票据交易所．2018 年票据市场运行情况 [R]. 上海：上海票据交易所，2019.

[3] 雷宏．金融发展指数构建与中国金融市场化进程评价 [J]. 中北大学学报，2007(6):28-32.

[4] 曹颢，尤建新，卢锐，等．我国科技金融发展指数实证研究 [J]. 中国管理科学，2011(3):134-140.

[5] 肖小和，王亮．用中国票据发展指数为票据市场把脉 [N]. 上海证券报，2014-12.

[6] 江西财经大学九银票据研究院课题组．2016 年票据市场理性回归 票据发展指数回落至 11305 点 [EB/OL]. 中国经济网，2017-03.

线上票据业务产品分析与发展研究

董　星　陆　远

［摘　要］ 近年来，金融科技革新将传统金融业务带入了一个全新的“金融e时代”。继各大商业银行争先恐后地推出线上理财、线上小额自助式贷款、网络循环融资等线上金融产品之后，线上票据业务产品近年悄然在市场上崭露头角。本文通过分析线上票据业务发展的市场前景和意义，分析线上票据业务与传统票据业务的区别，对比当前主要线上票据业务产品的特征，同时结合当前商业银行线上票据业务发展现状，进一步研究此类产品应完善的内容，提出相关发展建议，为未来线上票据业务发展提供依据和参考。

［关键词］ 线上业务；产品对比；风险；发展建议

一、引言

互联网金融的潮流兴起，给传统金融业带来了革命性的推动与挑战，也使之焕发出了新的生命。基于网络平台的金融市场体系、金融服务体系、金融组织体系、金融产品体系等层出不穷。互联网与金融深度融合是大势所趋，对促进小微企业发展和扩大就业发挥了现有金融机构难以替代的积极作用。而票据作为一种结算支付工具，具有融资门槛低、办理手续简便等特点，多年来也对服务实体经济，尤其是服务小微企业发挥了不可磨灭的作用。就这样，互联网与票据两者一碰撞，擦出了火花，不少商业银行已然发现其中的商机与前景，相继推出了各种线上票据产品。

线上票据业务市场发展势不可当，可以预见，在不久的将来，七成以上的票据业务将转移到线上办理。谁能够领风气之先，谁就能够抢得市场先机。在我国大力发展实体经济、加快金融科技创新、服务普惠小微企业的这股巨大浪潮中，商业银行应当积极顺应潮流，把握时机，加快票据金融服务与产品创新，做市场前行的领航者，贡献并收获于票据市场的大发展与大繁荣。为此，笔者通过分析市场前景、研究业务特征、对比产品特点、提出展望策略，抛砖引玉以期望引起阅读者的共鸣和思考。

二、线上票据业务发展的市场前景与意义

（一）线上票据业务产生的背景

一是中国人民银行顺应票据市场发展趋势，适时出台了关于规范和促进电子商业汇票业务发展的通知，明确规定“企业申请电票贴现的，无需向金融机构提供合同、发票等资料”，为在线贴现产品的创新提供了有利条件。二是上海票据交易所（以下简称票交所）的成立为在线贴现产品的创新提供了坚实的基础。票交所成立后，票据市场的安全性、透明度和交易效率大幅提升，票据业务风险得到了有效控制，票据市场各经营主体参与票据产品创新的动力和活力被进一步激发。三是党中央、国务院关于支持民营和小微企业发展的重要部署，为在线贴现产品的创新提供了政策动力。如何根据民营和小微企业票据融资业务的特点，解决其小票难贴、融资效率低、融资成本高的问题，成为各家银行重点思考的问题和积极探索的方向。四是金融科技的发展为在线贴现产品的创新提供了实现手段。金融科技与贴现业务相结合，使得广大企业用户可以“足不出户，一点即融，分秒到账”，丰富了贴现业务的办理场景，全面提升

了客户体验。

（二）线上票据业务增长空间巨大

票据市场是中国发展最早的金融子市场。在我国经济高速增长尤其是民营经济快速发展的东风下，经过多年的发展，我国票据市场规模不断壮大，企业累计签发商业汇票、金融机构累计贴现等票据量化指标成倍增长。尤其是票交所的成立，引领票据市场进一步向高质量方向发展，为线上票据业务的发展开辟了广阔的空间。

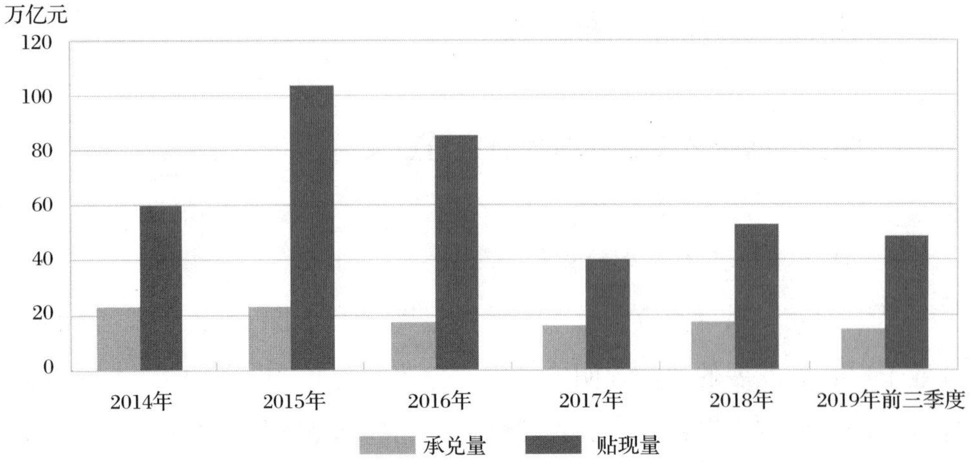

图1 全国票据市场规模

2016年以来，在经济增速放缓和金融宏观调控更趋严格的背景下，票据承兑量和贴现量出现一定程度的下滑。但是从2018年下半年开始，随着经济下行压力逐步加大，银行受风险偏好影响更趋向选择票据融资方式，票据市场迅速回暖，市场规模持续回升。

（三）主要线上票据产品一览

2017年以来，一批国有和股份制商业银行顺势而为，积极探索票据融资业务创新，根据贴现业务风险小、手续简便、资金流动性强的特点，将互联网思维与之相融合，陆续推出了全流程电票网银自助贴现产品。这些产品普遍具有高效快捷、票面金额不限、客户全程自助的特点，受到市场的广泛好评。笔者整理了当前市场主要线上票据产品的情况，汇总了各产品的主要特点。

表1 当前主要线上票据产品情况

机构名称	线上贴现产品品牌	推出时间	主要特点
中国工商银行	工银e贴	2018年8月	客户准入管理较为严格；利率定价不够灵活；视当地监管要求决定是否需要提供合同发票；设立承兑行白名单；对单一客户设定额度上限
中国银行	票e贴	2018年11月	客户准入有一定的信用评级要求；利率定价偏高，业务量较小；无须提供合同发票；未设立承兑行白名单，在该行有授信即可办理
招商银行	票据大管家在线贴现	2017年12月	系“票据大管家”系列产品；客户准入同线下贴现准入要求；由总行统一定价；无须提供合同发票；未设立承兑行白名单，在该行有授信即可办理；对单一客户无额度限制；有智能选票功能；节假日可办理
中国民生银行	自助贴现	2017年4月	客户准入同线下贴现准入要求；由总行统一定价；需提供合同发票（后查）；设立承兑行白名单；节假日可办理
广发银行	e秒贴	2017年12月	对客户准入有一定要求，首笔贴现业务需线下办理；利率定价为“客户询价—客户经理申请—单笔参数设置”模式；需要提供合同发票；对单一客户设定额度上限；支持不开户贴现，可通过他行网络渠道发起贴现申请；节假日可办理
江苏银行	票e融在线贴现	2018年5月	系“票e融”系列产品；客户准入同线下贴现准入要求；采用行内评级模式个性化定价；无须提供合同发票；未设立承兑行白名单，在该行有授信即可办理；对单一客户设定单日业务额度

三、线上票据业务与传统票据业务的区别

（一）目标客户群体不同

长期以来，银行主要获客渠道是线下物理网点，故而网点布局广泛、选址准确无论对公司还是个人客户拓展都至关重要。而随着互联网金融的兴起、金融科技的革新，越来越多的客户开始习惯于足不出户的线上金融服务。自然银行的获客渠道也逐渐从单一的线下网点转型为线上与线下相结合的模式。

如前文所述，线上票据业务产品是方便于客户获取快捷融资的渠道，由于其主打高效、快捷、便利，故而其主要的客户群体如下：（1）对价格敏感性较低的企业；（2）持有流动性较差票据的企业；（3）经营所在地偏远且人力资源紧缺的企业。综合上述特征来看，线上票据业务的主要目标客户呈现为融资选择余地较为局限的小微企业，即“二八法则”中的后80%客户。而显然，弃之便捷产品不用仍沿用线下融资的一定是议价能力较强、融资渠道较多的大中型企业，也就是提供80%利润的前20%客户。故线下票据业务侧重为核心客户提供专属化综合化服务，而线下票据业务则能更好地发挥长尾效应，拓宽金融服务覆盖面，更好服务实体经济。

（二）营销策略方式不同

传统票据业务的营销模式主要是由公司信贷条线的客户经理在向信贷客户推介产品时进行点对点营销，抑或是网点综合客户经理针对上门咨询票据业务的公司客户进行产品介绍。当然前几年商业银行广泛推行变“坐商”为“行商”的营销理念，即与其守在网点守株待兔般等待客户上门，不如走出去进社区、进园区、进楼宇、进商会寻找目标客户。这些营销方式的共性特征是人为化、点对点，尤其是针对上述大中型企业、核心企业等目标客户群体，其服务需求是银行主动上门跑办，产品服务是综合化、一体化，并且严格控制财务成本的，则传统的营销方式更符合其需求特性。

线上票据业务是基于互联网金融的服务产品，由于其相对标准化的产品特征，其营销适合大面积、铺开式营销，通过互联网渠道，如网上银行、手机银行等均可开展系统性营销，针对银行结算客户、网上银行签约企业、网上平台签约客户等均可开展产品营销推广。其带给客户的是一种高效便捷的服务体验，大大提高服务效率的同时，节约了商业银行的人力资源，从而有更多的人力可以投入服务核心客户服务。故线上业务与线下业务是相辅相成、互为补充的关系。

（三）风险管理侧重不同

信用风险方面，商业汇票的信用风险主要是指承兑人到期能否兑付的风险。银行承兑汇票的承兑人虽然是金融机构，看似风险相对可控，但一些银行内部管理混乱、外部监管不力、资产状况恶化、流动性出现问题等，导致到期不能付款或者履行远期合同，也会形成信用风险。商业承兑汇票的付款人为银行之外的企业，由于市场竞争激烈，信用环境有缺陷，经营水平参差不齐，经济效益有所波动，其整体信用和偿债能力远不及银行承兑汇票的银行付款人，因此，商业承兑汇票到期不能兑付的信用风险比较大。但笔者认为对于承兑行的信用风险完全可以做到系统联动设置，实现线上线下实行统一授信管理，故线上与线下只是渠道不同，信用风险防控侧重原则上保持一致。但当前一些小型城商行、农商行等金融机构利用票据中介等各种手段将融资性票据包装为贸易型票据，导致大量无真实贸易背景的融资性票据进入银行系统，并继而流转入票据交易市场环节，而线上业务无人工筛查更易被利用、被钻空子，也就是当前日益突出的票据承兑结构性信用风险，这应是线上业务的信用风险管理重点。

合规风险方面，当前监管部门仍然注重强调票据业务的贸易背景真实性审查，尤其是承兑与贴现环节。就线上贴现业务而言，如何通过智能化、自动化手段实现票据业务的贸易背景审查功能仍是一个亟待解决的难题。对于贴现人的准入，理论上同一家商业银行应执行同样的客户准入要求，但由于事中控制环节的简化，事前控制必须严格把关。在过程控制中，传统业务会由人工对客户信用资质变化、业务逻辑性进行审查，而线上业务仅通过对接中国人民银行征信系统查询客户信用整体评价，无法对客户经营销售、资产负债、偿付能力、贸易背景做出具体判断。此外，对于同一贴现人，基于年度财务报表显示的年销售量等指标核定了线上贴现额度，而实际额度并未用足，如该贴现人在线下进行票据融资，则线上与线下业务量合计可能会超出企业的实际销售量，也就是过度融资，同样存在合规风险。故合规风险的把控是线上业务管理的重点之一。

操作风险方面，线上融资虽然省去了每笔业务的台账建立、流程跟踪，但增加了系统的设置、合同有效期的维护，如维护不及时，则可能增加操作性风险。

流动性风险方面，小型城商行、农商行承兑票据流动性较差，尤其是通过线上申请贴现的票据有较大比例均为票面金额在100万元以下的小票，流动性本身较差，流动性风险较高。

（四）内部控制环节不同

传统的票据业务办理必须经过事前尽职调查、事中风险审查、事后检查管理三道关口，且除了客户在建立信贷关系环节的严格把关外，针对后续每一笔业务中台风险审查部门都会经过审查岗、审查复核岗的两道人工筛查。审查人员一般为信贷管理部门具备信贷从业资质的岗位人员，审查角度针对承兑人、贴现人的信用资质变化、偿付能力，以及贸易背景的逻辑性、合理性进行严格把关。故而中台的审查关起到了较好的风控作用。

线上票据业务，除了在业务办理通道上实现客户线上提交业务申请及相关资料以外，其快捷、便利、高效主要体现在事中人工审查环节的简化。通过与中国人民银行征信系统、税控查询系统信息库的实时对接、联动查询等方式，实现无人工干预的系统自动审批，大大提高业务办理效率的同时将风控的关口前移到了事前尽职调查与客户准入关口。此外，事后检查监测、退出机制的建立健全和执行到位也同样至关重要。故在执行统一标准下，严格的审查把关应相应前移事前准入环节，而并非简单地去除中台控制后，仍保留原有仅有前台人员开展尽职调查与较为简化的客户准入。

四、当前市场线上票据业务产品发展现状

（一）产品定位

商业银行普遍将线上贴现产品与其他票据产品结合在一起，赋予线上票据产品更为丰富的产品定义和“一站式”的服务概念进行营销推广。

如招商银行于2015年底推出的“票据大管家”，是一款集票据池、票据承兑、质押、托管、权属变更、报表分析、综合查询等多种功能于一体的企业“一站式”票据综合管理平台。2017年12月，招商银行在“票据大管家”平台推出在线贴现产品，企业在招商银行开立结算账户并开通企业网银票据管家功能后，即可进入业务流程管控、报表管理、智能选票、票据托管、风险预警等多个功能模块进行业务操作。招商银行在对外进行业务营销宣传时，也是以“票据大管家”作为营销主体，打出了“满足客户对票据的所有想象”“满足客户对票据业务全流程一体化的高效管理要求”等广告语。

江苏银行则是将在线贴现产品纳入“票e融”平台。“票e融”平台整合了票据签发承兑、背书转让、贴现、质押、票据池等电子票据产品，企业签约“票e融”平台后，即可通过系统一键接入的方式体验一站式的票据产品服务。

（二）风控标准

一是客户准入管理标准。商业银行对线上票据业务客户的准入要求较线下业务更高，通常会在准入流程控制、审批权限设置、尽调内容设计等方面提出更高的要求，有的银行还会通过系统设定年度及单日可办理的业务限额，或提

出交易次数限定（在该行已办理线下贴现业务的最低次数）等附加要求。

二是贸易背景审查标准。目前各银行对贸易背景判断的标准和要求不一。在实际业务操作中，有的银行从严把握贸易背景审查要求，要求客户在系统中录入合同和发票信息，并由系统自动调用业务审批模型进行发票真实性校验，或直接采用客户线下提供贸易背景资料，由后台进行人工审核的方式；有的银行办理在线贴现则不要求客户提供贸易背景跟单资料，手续更为简便。

三是承兑行要求。在承兑行要求方面，各银行均自行设定了不同的标准。有的银行设置了承兑行白名单，企业客户线上办理的票据的承兑行仅限于名单内机构。有的银行则只要票据的承兑行（财务公司除外）在该行有授信，即可在授信额度内办理在线贴现。

（三）定价方式

大多数商业银行的利率管理方式为总行制定和发布的线上贴现业务基准利率，各一级（直属）分行可在基准利率基础上通过加点实施再定价，形成本分行的执行利率，贴现行使用一级（直属）分行确定的业务利率，不再进行利率再定价。这样的管理方式虽然简单易操作，但是执行统一利率不能兼顾辖内地市、区县企业客户的不同特点，定价缺少针对性和灵活性。

个别商业银行（如江苏银行）则采用个性化定价方式，通过建立企业客户内部评级体系，根据企业的评级数据制定相应的贴现利率档次，企业客户进入系统页面即可看到当天实时展示的针对本企业的贴现利率报价，并可一键试算自己所需支付的利息。

（四）系统功能

商业银行的在线贴现系统功能日趋完善，大多数商业银行已推出“手机银行在线贴现”，贴现业务步入应用程序（APP）时代。部分商业银行的在线贴现系统还具备智能选票功能，客户输入所需融资数额，系统会自动选择最优价格票据组合。中国工商银行、招商银行还将在线贴现与中国人民银行普惠金融政策相结合，为小微企业提供低成本、高效率融资。

五、线上票据业务管理优化建议

（一）加大宣传力度，切实加快创新观念转变

“天下武功，唯快不破。”线上票据业务的全面推广布局已然“箭在弦上”，商业银行应当立足新形势、新格局，加大产品创新力度，协同各专业条线，集合全行之力推进票据产品创新发展，抢占线上票据业务制高点，提升本行在票据市场的影响力和话语权。

1. 加强宣传引导，转变理解认知。思想指挥行动。一方面，服务小微，支持实体经济发展是商业银行的发展本源。而对小微企业客户而言，线上票据业务更具有准入门槛低、办理手续便捷、资金秒速到账等优势，相当具有吸引力。另一方面，从商业银行集约成本的角度而言，线上票据业务的自助办理功能，大量节省了客户经理的人力资源投入，从而能将更多的人力、物力调配到核心客户的营销维护。故已捕捉到该项业务优势的商业银行越来越多，据不完全统计，开展线上票据业务的金融机构已有60余家。笔者建议加大对线上业务的宣传力度，利用各种会议平台，向多维度、各层面的管理者和一线人员灌输思想，尤其是基层行部的分管领导，加深对线上票据业务成本贡献比、票据市场未来发展前景的理解，引导全行上下提高认识，将线上票据业务作为未来提高市场竞争力的主要业务产品经营，切实在全行上下形成上传下达、上下联动的良好营销格局。

2. 加强产品推广，促进上下联动。对内统一各级管理人员的思想认识的同时，对外更须加强创新产品的推介力度。通过各媒体、各渠道，以点及面，更广泛地推广线上票据产品。“点”上，如召开大型的产品发布会，邀请各媒体新闻记者参加，又如制作广告标语在广播台播放或制作宣传手册在网点发放，

营造足以轰动市场的声势；此外，可通过网上银行推出宣传广告滚动条，或者通过系统对存量承兑客户或贴现定点推送信息。“面”上，如逐支行、逐客户开展产品推介沙龙，并设置现场体验环节，让客户直接感受互联网模式下的便捷快感。在人员配备上，打造一支高素质、强专业、善宣讲的产品经理队伍，加强产品推广的同时实时对接分行协调解决新产品应用过程中的问题，不断优化线上票据产品，巩固夯实市场地位。

3. 强化考核激励，统一经营思路。宣传引导思想，考核指挥行动。首先，商业银行总行应在分行层面加大对线上票据业务指标的考核权重，提高分行对该业务的重视度。其次，在产品推广初期，为吸引目标客户，抢占市场份额，与同类产品争夺潜在客户，考核重点在于拓展客户（拓户），而非一味地追求业务量和业务收入。最后，开展各类劳动竞赛，拨出专项奖励金额，对票据业务发展显著的行部及个人予以奖励，并给予管理突出机构更大业务利率授权，树立基层单位先进典型，并将他们的成功案例在全行予以宣传推广，供其他行部学习借鉴，激发大家的营销热情，拓宽大家的经营思路。

（二）优化系统设置，有效提升客户服务体验

当前，各类线上贴现产品已在市场上如火如荼地推广运用，客户体验反馈普遍较好，但仍存在许多有待改进之处。笔者通过多次实地调研，及对各行产品的认真比对分析，提出如下优化建议：

1. 加大授权力度。笔者了解到，一些商业银行因考虑到线上贴现产品的风控因素，将该产品的客户准入审批权限提至一级（直属）分行职能部门层面。故每户产品拓户均需从基层行部层层审阅、逐级上报至一级（直属）分行，期间至少经过十余道审查审批环节，办理效率较低。笔者认为，一方面，一级（直属）分行票据融资部门属于专业管理部门，并不直接接触客户，对客户准入审查也未必十分熟悉了解，看似为控制风险而抬高审批权限，实质未真正达到效果。另一方面，线上票据业务同样属于票据业务的一项子产品，客户准入

审批权限管理应与其他票据产品保持一致，纳入统一管理，风控的更高标准可以体现在准入的尽职调查、审查审批的内容和要求方面。

2. 放宽承兑行限制。诸多小微企业客户持有的票据，具有票据承兑行较为分散、票面金额较小的特征，如客户在先期体验产品时，持有的大部分票据由于承兑行的刚性控制而无法提交贴现，大大影响了客户的感受和产品的竞争力。如前文所述，笔者认为线上与线下业务对承兑行信用风险的把控实质是相同的，小型城商行、农商行确实可能存在与中介勾结的信用风险，但主要防控关口应在于对承兑行授信的限制以及客户准入关口的严格把控。故笔者建议通过统一授信管理，放开承兑行的限制，但同时给予不同承兑行不同的利率下限设置，对小型城商行、农商行承兑票据应提高利率下限，因除信用风险，该类票据还存在流动性风险，票面金额小则更甚之。如此用高收益来平衡高风险，实现风险溢价收益，而非“一刀切”一律拒之门外。

3. 完善系统设置。一是建议利率设置更加灵活，建立数据运算模型，将线上贴现的定价与票面要素（承兑行、期限、票面金额等）和客户综合贡献度实行双挂钩，依据具体参数设置及自动化综合评定结果，实现每一笔业务的个性化、差异化定价。二是建议设置“利息计算器”功能，系统自动告知客户本次业务节约多少财务成本，并给予客户试算利率功能。

（三）丰富产品定义，实现线上票据全生命周期管理

唯有在产品推广初期，用优于他行的服务体验吸引客户，才能先发制人、拔得头筹。进入“票据交易所时代”后，票据业务产品创新尤其注重票据全生命周期管理，既顺应市场发展趋势，也满足客户多元化的金融需求，还丰富了盈利结构。商业银行应乘胜追击，开拓创新，加强联动，加快全产品链的创新建设。

1. 实现线上贴现与“票据池”联动。商业银行应立足于全流程一体化的票据管理理念，将线上贴现与“票据池”联动。票据池就好比一个“蓄票池”，

能将客户持有的票据全部先入池管理，后续或托收，或质押融资，或大票换小票、小票换大票、纸票换电票等。笔者建议将线上贴现与“票据池”联动，客户持有的票据自由选择先入池或直接办理贴现，入池后也可实现自助线上取出票据办理贴现或质押融资，如此对客户的应收票据实现全方面的金融服务管理。

2. 实现与前端票据承兑联动。笔者认为，可以从票据全生命周期产业链出发，将线上票据产品向前延伸至票据承兑端，尤其是将线上票据业务嵌入供应链之中，与企业的企业资源计划（ERP）系统联动，企业上下游之间原本就实现了线上提交合同、签约的合作方式，与线上票据产品联动，实现企业自动提交保证金质押、线上审批开票。开票后，自动纳入“票据池”管理，后续也可办理自助式贴现，提高本行承兑票据贴现率，从源头上抓牢票源。

3. 实现与国际业务联动。商业银行应改变票据业务单兵作战的局面，实现与各条线业务密切联动、互通发展的格局。笔者认为，除了在纵深上实现票据全生命周期的管理，在横向广度上，可将银票、商票、国内信用证、国际信用证均纳入票据的范畴，真正实现“大票据”管理。在线上平台，可以将一家企业收到的票据与信用证等不同类型的结算工具均纳入线上管理，开展综合性银行保理业务，因信用证是银行应进口方申请、开给出口方的一种保证承担支付货款责任的书面凭证，其与银行承兑汇票类似，同样基于银行的信用。故可以纳入“大票据池”共同管理，办理信用证议付、质押融资等，为企业应收账款管理提供更全方位的服务。

4. 实现后端票据理财服务。笔者认为，后续票据市场会类似国外市场发展方向演变，灵活多元的衍生产品将会进一步活跃市场，故建议可将线上票据产品与票据理财相结合。如票据证券化（ABS）业务，标的资产是企业客户持有的未办理贴现的票据，该业务可与线上票据产品相结合，企业客户在线上提交票据池管理或申请贴现的票据，如符合办理ABS条件，可由系统发出提示，或者直接从票据池中进行自动挑票。待未来经营范围更广泛后，也可将本行已办理贴现的票据直接线上实现对接发行理财产品，或设立票据基金、特殊目的机构（SPV）集合理财计划等资产管理项目，通过委托信托或基金公司发行募集资金，以解决规模不足问题。

5. 实现综合信息查询服务。线上票据业务产品可为客户提供更多更全面的风险票据筛查功能，提供金融增值服务：一是与法院公示催告票据信息的实时联动，实现自动筛查。二是为客户提供单笔查询承兑人、前手持票人资信情况的渠道，尤其是商票。可采用有偿信息查询服务模式，查询费用标准与企业客户贡献度、贴现量等维度相结合，给予一定优惠档次，以带给客户更好更合乎情理的使用体验。

（四）把握风险实质，不断提高风险驾驭能力

就前文分析，线上票据业务较之线下不能说风险更大，只是有相同，也有所不同，更多转向承兑行结构性信用风险、合规风险和流动性风险。“制度先行于业务”，在合规尽职的操作下，风险并不可怕，只要有效加以防范，加快步伐、大胆创新，仍须为之。

1. 加强授信审查，严把准入关口。一是加强授信管理。按当前票交所交易规则，在无保证增信行和保证人的情况下，当承兑行拒绝兑付，系统将直接从贴现行的资金账户划付票据金额至追偿机构的资金账户，故对承兑行的授信核定显得尤为重要。笔者建议加强对金融机构授信管理，及时对发生风险的金融机构进行授信调整，严格对承兑行资产规模与承兑量不匹配、同业业务依赖度过高的小型城商行、农商行、财务公司授信管理，防范信用风险。二是严格客户准入关。在准入在线业务企业客户时，必须从严核实贴现申请人资质，从严审查贸易背景，加强对企业财务报表、贴现业务资料的逻辑性分析，并要求双人实地尽职调查，且均具备信贷从业资质，其中一名为从事信贷业务2年以上。三是严格核定客户线上贴现额度，认真分析客户的年销售总量、营业收入、资本金等合理测算，尤其对新客户额度使用有效期不建议直接放宽至最长

1年，观察期间内贴现行为和票据到期兑付情况，谨慎核定、逐步放宽，并对线下与线上贴现总量应实施动态监测，以规避客户过度、多头融资而套取银行信用。

2. 强化系统识别，防范合规风险。加强票据贸易背景真实性的审查仍是防范票据业务合规风险的重中之重。不论是从相关监管文件中的重视程度（如银监发〔2018〕4号《中国银监会关于进一步深化整治银行业市场乱象的通知》将整治“违规办理无真实贸易背景银行承兑汇票业务”列为整治违规开展票据业务的第一条内容），还是从贸易背景不真实、不清楚或审查不严等问题是近年来金融机构受处罚最多的事项这一事实来看，票据贸易背景的真实性都是监管机构在检查金融机构票据业务合规性时最为重视、不容回避的问题。不要求贴现客户提供合同、发票并不等同于放弃和放松贸易背景审核。笔者建议，一方面，总行层面应加强与监管部门统一对接，实行产品备案，在此基础上各经营机构必须加强与当地监管机构的沟通，及时了解监管部门动向和倾向，做好解释说明准备。另一方面，在系统中设置关键敏感词识别功能，对贴现客户主业不明（企业名称包括“商贸”“实业”“咨询”“发展”等字段）同时频繁进行大额贴现且存在小企业大贴现，出票人、收款人、承兑行所在地均不同，短期内票据多次跨地区跨行业背书等风险特征的，通过系统识别，阻止线上贴现，提示客户于线下申请办理。

3. 严格退出机制，加强贴后管理。线上业务简化了中间审查环节，但风险仍然存在，故贷前贷后管理随之加重，除了做好授信管理、客户准入关口把控外，贴后管理也是重中之重。笔者建议，一是加大检查力度，对基层行部办理的线上业务经常性实行非现场与现场检查，重点检查客户准入审查是否到位，是否制定了退出管理机制，并按照管理机制对已办客户进行资金流向跟踪和贴后管理。二是加强风险监测，信息分析团队要运用好大数据，建立风险模型实时统计分析数据，例如以量化、多维度的形式体现票据行为人的信用价值，对出票人违约兑付或承兑人逾期付款次数的信息，以及涉嫌中介业务的企业客户、承兑人信息等进行披露，并建立集中度监测和黑名单制度等，为前台调查、中台审查提供决策依据，逐步提高风险量化管理水平。三是加强流动性风险管理，设置流动性风险管理限额的同时，将承兑行风险信息与利率管理有机结合，例如在指导价格中增加“对涉及关注类信息的票据，应审慎办理，如需办理，应提高风险溢价，在对应期限指导价格的基础上至少上浮××个基点”的规定，利率管理部门也可利用风险信息数据库数据作为定价参考。

“资管新规”下我国票据资产证券化业务探讨

肖小和　胡　军[①]

［摘　要］2018年4月27日发布的“资管新规”进一步规范了非标准债权资产（以下简称非标）的界定。票据不出意外依然属于非标，因此，如何寻求票据资产的标准化成为一个急需分析和探讨的现实问题。本文分析了票据资产证券化的现实案例，发现：（1）票据资产证券化中破产隔离存在法律障碍，会导致破产隔离无效；（2）以银票和通过商票保贴、商票保证或者商票保函的形式由金融机构提供增信的商票为基础资产的票据资产证券化违反了“资管新规”关于禁止刚性兑付的规定；（3）票据资产证券化不仅没能改善资产的流动性还降低了收益率。对此，本文认为：（1）融资性票据的放开和资产支持证券市场的流动性是票据进行资产证券化的前提；（2）条件具备后，商票资产证券化应该是未来的一个重要品种，商票资产证券化的重要基础设施在于形成有效的定价中枢；（3）票交所的建立有利于票据信息的集中，从而形成市场化的定价中枢，提升票据资产及其衍生产品的流动性。本文的研究结论对于指导票据实务发展以及相关监管机构对票据资产证券化业务进行合理监管和规范具有重要的现实意义。

［关键词］“资管新规”；融资性票据；资产证券化

---

① 作者简介：肖小和，江财九银票据研究院执行院长；胡军，江财九银票据研究院研究员。

一、背景和动机

随着2007年“新两规”[①]的实施，以信托公司为主体的“信托式资管”迅猛发展，在银信合作模式下，刚性兑付几乎是一个被各方默许的规则，这种刚性兑付带来了银信合作的长期蜜月期，2013年末，信托资产管理规模突破10万亿元。随着2012年下半年各路金融机构资管牌照的发放，证券公司、基金公司甚至是保险资产管理公司和期货资产管理公司都妄图策马“泛资管”行业。截至2017年末，由基金公司（及其子公司）、证券公司、期货公司以及私募基金公司管理的资产余额则突破50万亿元大关（53.57万亿元），信托资产管理规模则突破了26万亿元（26.24万亿元），各类金融机构资产管理规模累计仅80万亿元[②]，直逼全社会贷款余额120.1万亿元。

经济增速下滑，野蛮增长同样孕育着风险，2018年开年，对金融市场来说并不平静，不只有监管层接连下发的新规，信托、债券甚至是银行理财计划违约也频频爆出，似乎整个市场出现“违约潮”。2018年4月27日晚间，四部门联合印发了《关于规范金融机构资产管理业务的指导意见》（以下简称“资管新规”）。“资管新规”对非标资产的投资、资金池管理、多重嵌套以及刚性兑付等方面都进行了严格的规定。

而对于票据业务来讲，影响最大的莫过于对非标资产投资的限制。资管新规进一步规范了关于标准债权资产的定义[③]。标准化债权类资产应当同时符合

① 指《信托公司管理办法》和《信托公司集合资金信托计划管理办法》。

② 随着“资管新规”的发布，资管规模于2018年有所下降。截至2018年第三季度末，信托公司资产管理规模23.14万亿元，基金公司（及其子公司）、证券公司、期货公司以及私募基金公司管理的资产余额52.23万亿元。此数据没考虑银行理财（2018年6月底为30.6万亿元），是因为银行理财作为资方，一般会对接信托计划或者券商（基金）等的资管计划，将其加入会导致重复计算。数据来源于Wind。

③ 最早的非标概念源于，原银监会在2013年3月27日下发的《中国银监会关于规范商业银行理财业务投资运作有关问题的通知》（银监发〔2013〕8号，以下简称《8号文》），《8号文》第一次界定了非标的概念，并对非标资产投资进行了比例限制。非标，规范说法为，非标准化债权资产，是指未在银行间市场及证券交易所市场交易的债权性资产，包括但不限于信贷资产、信托贷款、委托债权、承兑汇票、信用证、应收账款、各类受（收）益权、带回购条款的股权性融资等。

以下条件：（1）等分化，可交易。（2）信息披露充分。（3）集中登记，独立托管。（4）公允定价，流动性机制完善。（5）在银行间市场、证券交易所市场等经国务院同意设立的交易市场交易。显然基于此界定，票据资产不属于标准化债权资产，原银监会在2013年3月27日下发的《中国银监会关于规范商业银行理财业务投资运作有关问题的通知》（银监发〔2013〕8号，以下简称《8号文》），要求非标资产投资占理财产品余额不能超过35%，且不能超过上一年总资产的4%。

尽管票据资产属于非标，但是票据资产，尤其是银行承兑汇票，几乎是所有非标资产中流动性最好的。得益于2015年开始爆发增长的资产证券化业务，票据资产证券化成为一个有益的尝试。但如肖小和（2018b）所述，尽管2016年票据资产化开始了尝试，但由于诸多原因并没有得到普遍推广。而“资管新规”的规定又必然对票据资产的吸引力产生进一步的负面冲击。加之新常态下票据对于便利企业，尤其是中小企业的结算和融资，进而降低社会融资成本，服务经济发展具有重要意义（肖小和，2018a）。因此，如何寻求票据资产的标准化成为一个急需分析和探讨的现实问题。

二、我国资产证券化现状

（一）资产证券化发展现状

所谓资产证券化，就是将缺乏流动性但具有可预期收入的资产，通过在资本市场上发行证券的方式予以出售，以获取融资，最大化提高资产的流动性的过程（林华和许余洁，2016；王红霞等，2018）。资产证券化的过程通常涉及三个主要过程：

1. 基础资产的选择。合适的基础资产通常必须具备稳定的、可预期的现金流，以及同质性、分散化和相对独立性等特点。

2. 结构化重组。该步是资产证券化的关键所在，主要工作如下：通过设立特殊目的机构（SPV）实现破产隔离，设计各类信用增级结构等。

3. 资产支持证券的发行和流通。资产支持证券二级市场的流动性是支持一级市场发行的重要力量。

图1展示了典型的资产证券化的交易流程。可以简单概括为，依托资产服务机构从原始权益人（有时候可以是同一人）手中购买合格的基础资产，组成资产池，由管理人（也是推广机构或承销商）设SPV购买基础资产池，实现破产隔离，依托其他各类第三方服务机构，评估资产池现金流情况，设计各类信用增级结构，发行资产支持证券，流通转让，到期后按合同约定进行偿付。

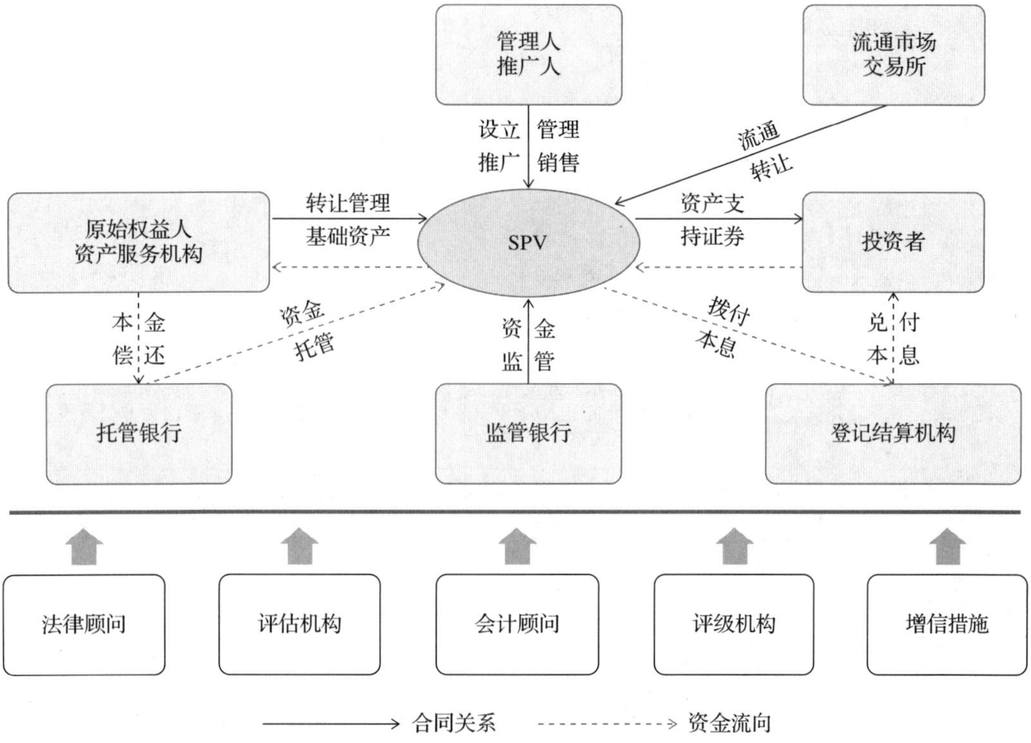

图1　典型资产证券化的交易结构

目前我国实践中有四类资产证券化产品，分别由不同主管机构主导：由央行和银保监会（原银监会）主管的信贷支持证券化、由证监会主管的企业资产证券化、由银行间交易所协会主管资产支持票据、由银保监会（原保监会）主管的资产支持计划。参考林华和许余洁（2016）表1列示了四类资产证券化产品的主要差别。源于主管机构的差异，四类资产证券化的差异主要在于基础资产、SPV形式以及发起人等方面。从表1可以看到我国的资产证券化的SPV的形式几乎主要为资管计划或信托计划。

表1　我国四类资产证券化模式对比

	信贷资产证券化	资产支持专项计划	资产支持票据	资产支持计划
主管部门	央行、原银监会	证监会	交易商协会	原保监会
审核方式	央行注册制+银监会备案制	事后备案制	注册制	初次申报核准，同类产品事后报告
SPV	特殊目的信托	证券公司/基金子公司资产支持专项计划	不强制要求设立SPV，可以使用特殊目的账户隔离的资产支持形式，也可以引入其他形式的SPV	保险资管公司的资产支持计划
发起人	银行业金融机构（商业银行、政策性银行、邮政储蓄银行、财务公司、信用社、汽车金融公司、金融资产管理公司）	未明确规定	非金融企业	未明确规定
发行方式	公开发行或非公开发行	目前为非公开发行（未来可能引入公开发行方式）	目前为非公开发行（未来可能引入公开发行方式）	目前为非公开发行
投资者类型	银行间债券市场机构投资者（银行、财务公司、保险公司、基金、券商等）	合格投资者，且合计不超过200人	公开发行面向银行间债券市场所有机构投资者；非公开发行面向特定机构投资者	保险机构以及其他具有风险识别和承受能力的合格投资者
基础资产	信贷资产	实行负面清单制。要求符合法律法规规定，权属明确，可以产生独立、可预测的现金流且可特定化的财产或财产权利，可以是单项财产权利或者财产，也可以是多项财产权利或者财产构成的资产组合。可以是企业应收款、租赁债权、信贷资产、信托受益权、基础设施、商业物业等不动产财产或不动产收益权	符合法律法规规定，权属明确，能够产生可预测现金流的财产、财产权利或财产和财产权利的组合	实施动态负面清单管理。要求基础资产符合法律法规规定，能够直接产生独立、可持续现金流的财产、财产权利或财产与财产权利构成的资产组合。基础资产依据穿透原则确定

续表

	信贷资产证券化	资产支持专项计划	资产支持票据	资产支持计划
受托机构	信托公司	证券公司/基金子公司	目前无受托机构（下一步可能引入信托公司）	保险资产管理公司
信用评级	需要双评级，并且鼓励探索采取多元化信用评级方式，支持对资产支持证券采用投资者付费模式进行信用评级；定向发行可免于信用评级	取得证监会核准的证券市场资信评级业务资格的资信评级机构，对专项计划资产支持证券进行初始评级和跟踪评级	公开发行需要双评级，并且鼓励投资者付费等多元化的信用评级方式；定向发行，则由发行人与定向投资人协商确定，并在《定向发行协议》中明确约定	受托人应当聘请符合监管要求的信用评级机构对受益凭证进行初始评级和跟踪评级
交易场所	银行间债券市场	证券交易所、全国中小企业股份转让系统、机构间私募产品报价与服务系统、证券公司柜台市场	银行间债券市场	保险资产登记交易平台
登记托管机构	中央国债登记结算有限责任公司	中国证券登记结算有限责任公司或中证机构间报价系统股份有限公司	银行间市场清算所股份有限公司	保险资产登记交易平台
规章及依据	《信贷资产证券化试点管理办法》《关于信贷资产证券化备案登记工作流程的通知》《中国人民银行公告〔2015〕第7号》	《证券公司及基金管理公司子公司资产证券化业务管理规定》《资产支持专项计划备案管理办法》及配套规则	《银行间债券市场非金融企业资产支持票据指引》	《资产支持计划业务管理暂行办法》

数据来源：参考林华和许余洁（2016）以及公开资料整理。

表2至表4列示了我国近年来不同类别资产证券化产品的发行和存量情况。截至2018年7月末，我国资产证券化未偿清产品数1475单，余额为2.1万亿元，累计发行额超过4万亿元。以信贷资产证券化和企业资产证券化为主，余额占比分别为34%和61%。

表2　我国资产证券化市场概况

	待发行总数	2018年总数	2018年总额（亿元）	累计总数	累计总额（亿元）	未偿清总数	未偿清总额（亿元）
信贷资产证券化	2	57	3652	498	21427	294	7311
企业资产证券化	157	268	3956	1460	20643	1098	13087
资产支持票据	11	30	378	96	1349	80	1016
保险资产证券化	2	0	0	3	43	3	43
总计	172	355	7986	2057	43462	1475	21457

数据来源：www.cn-abs.com，截至2018年7月31日。

表3　我国资产证券化产品历年发行情况

单位：亿元

	2013年	2014年	2015年	2016年	2017年	2018年
信贷资产证券化	158	2820	4056	3909	5972	3652
企业资产证券化	74	401	2045	5000	8857	3956
资产支持票据	48	89	35	167	575	378
保险资产证券化	0	0	0	33	10	0

数据来源：www.cn-abs.com，截至2018年7月31日。

表4　我国资产证券化产品历年存量情况

单位：亿元

	2013年	2014年	2015年	2016年	2017年	2018年
信贷资产证券化	255	2502	4100	4668	6766	7311
企业资产证券化	119	465	2324	6321	11850	13087
资产支持票据	101	184	208	367	798	1016
保险资产证券化	0	0	0	33	43	43

数据来源：www.cn-abs.com，截至2018年7月31日。

（二）我国票据资产证券化发展现状

在开始介绍票据资产证券化之前，有两个概念需要界定清楚，一个是票据资产证券化，另一个是上一部分提到的资产支持票据。资产支持票据是资产证券化后发行的资产支持证券，代表的是对SPV的所有权，而票据资产证券化中的票据指的是资产证券化中形成资产池的基础资产。

截至2018年7月末，我国市场上共发行票据资产证券化产品37单，总额347.85亿元。存续17单，已清算退出19单，1单停售。除建信ABN2017-1外，其余36单票据资产证券化都是以证券或基金资管子公司成立资管计划的形式设立SPV。尽管票据一般期限都小于1年，但所有票据资产证券化过程都没有涉及循环购买。

相对于票据资产本身规模而言，票据资产证券化规模还非常小。2017年，商业汇票未到期金额为8.2 万亿元，金融机构累计贴现 40.3 万亿元，期末贴现余额为 3.9万亿元。未来票据资产证券化还有巨大空间。

比较有代表性的票据资产证券化产品有：融银1号2016–1、橙鑫橙e1号2016–1、民生票据1号2016–1、融元1号2016–1。表5列示了上述四个产品的基本信息。

由于《中华人民共和国票据法》（以下简称《票据法》）规定："票据的签发、取得和转让，应当遵循诚实信用的原则，具有真实的交易关系和债权债务关系。"因此，实际上在票据资产证券化过程中票据不能作为基础资产，其本身是不能直接转让的。从现有案例来看，实际上作为票据支持证券化的基础资产被包装成票据收益权，加以转让。因此我们现在看到的票据资产证券化，严格来讲是票据收益权资产证券化。这种收益权资产证券化是否合理、合法、合规和可复制呢？本文后面将着重进行分析。

表5　典型票据资产证券化产品基本信息

产品简称	特色	管理人	产品成立日	原始权益人	总金额（亿元）	资产池票面金额（万元）	持票人个数（个）	票据笔数（笔）	发行利率（%）
融元1号2016–1	首单票据收益权资产证券化产品	华泰证券（上海）资产管理有限公司	2016–03–29	14家公司	6.44	6.56	14	14	3.6
橙鑫橙e1号2016–1	首单以储架模式发行的票据资产证券化产品	博时资本管理有限公司	2016–03–30	平安银行股份有限公司	5.33	5.50	3	3	3.6
融银1号2016–1	首单银票收益权资产证券化产品	华泰证券（上海）资产管理有限公司	2016–07–27	12家公司	4.96	5.82	—	—	2.8
民生票据1号2016–1	首单获批及发行的银行保贴类票据资产证券化产品	中信证券股份有限公司	2016–08–08	中国民生银行股份有限公司	4.7	—	—	—	2.6

数据来源：www.cn–abs.com，以及其他公开数据整理。

华泰资管—江苏银行融元1号资产支持专项计划是我国首单商业票据收益权资产证券化产品，其基础资产是14家公司持有的合计6.56亿元的商业票据的收益权。博时资本—平安银行橙鑫橙e1号资产支持专项计划是我国首单以储架模式发行的票据资产证券化产品，其基础资产也是商业票据。所谓储架模式就是一次核准，多次发行，平安银行获得此次储架模式的额度是10期，200亿元。尽管是商业票据，但该产品在增信上接入了银行信用，由平安银行通过票据保函为票据承兑人提供无条件的连带保证担保。而华泰资管—江苏银行融银1号资产支持专项计划则是直接基于银票收益权设计的资产支持计划，中信证券—民生银行票据收益权1号资产支持专项计划的基础资产依然是商票收益权，但通过民生银行的票据保贴接入了银行信用。

在信用风险防范方面的措施有超额利差、票据质押担保、票据保贴等增信措施，并安排资产置换的风险防范措施，严格控制风险。

三、典型的票据资产证券化分析

（一）融元1号资产支持专项计划基本情况

限于公开资料获取的完整性，本部分主要以华泰资管—江苏银行融元1号资产支持专项计划为例，分析我国票据资产证券化产品的基本交易结构和条款，以期找到当中存在的问题和法律风险，进而分析票据资产证券化过程中的重难点和可能的解决思路。不同于之前文献更多关注票据资产证券化法律上的不足（王健，2018），本文还重点考察了“资管新规”对现有票据资产证券化的影响。

表6 融元1号资产支持专项计划基本情况

计划信息					
产品全称	华泰资管—江苏银行融元1号资产支持专项计划				
产品类型	企业资产证券化	基础资产类型	票据收益权	资产池规模	6.56亿元
成立日期	2016-03-29	预计到期日	2016-09-30	法定到期日	2018-09-30
计划管理人	华泰证券（上海）资产管理有限公司				
资产服务机构	江苏银行股份有限公司				
托管机构	江苏银行股份有限公司(上海分行)				
原始权益人	泰州市诚林物资贸易有限公司、泰州市物资集团物资商城、江苏兴安贸易有限公司、江苏锦宸节能门窗有限公司、江苏星光特钢科技有限公司、江苏新源国际贸易有限公司、泰州市兴园科技发展有限公司、泰州市润马城镇建设有限公司、江苏博迁新材料股份有限公司、江苏洋河新城文化旅游投资发展有限公司、宿迁市星远贸易有限公司、江苏阳天贸易有限公司、泗阳先行贸易有限公司、泗洪绿锦苗木有限公司				
出票人	泰州市东兴建设工程有限公司、泰州市工商经济服务公司、靖安市皓辰建设有限公司、江苏正兴建设工程有限公司、泰州市高鑫源建设发展有限公司、泰兴市源兴仓储有限公司、泰州市凯源投资发展有限公司、泰州市潘特内物资有限公司、宁波广博纳米新材料股份有限公司、宿迁市洋河新区城市建设开发有限公司、宿迁三台山实业发展有限公司、沭阳天成混凝土有限公司、泗阳国宇实业有限公司、泗洪永乐苗木有限公司				
会计师事务所	毕马威华振会计师事务所				
律师事务所	北京市金杜律师事务所				
评级机构	中诚信证券评估有限公司				
证券信息					
证券代码	131096.SH	证券简称	融元1号	信用级别	AAA
交易场所	上海证券交易所	每份面值(元)	100	总金额	6.44亿元
还本方式	到期还本	发行利率	3.64%	付息频率	半年
发行加权年限	0.51	证券分层等级	优先级		

融元1号资产支持专项计划交易过程可以概括如下：

（1）华泰资管（计划管理人）设立专项计划面向合格投资者发行资产支持证券，与投资者签署《认购协议及风险揭示书》并募集资金。

（2）泰州市诚林物资贸易有限公司等14家企业（原始权益人/持票人）与江苏银行（原始权益人代理人）签订《授权委托协议》，江苏银行作为代理人接受各原始权益人的委托，代理各原始权益人签署《资产买卖协议》，买卖的标的即基础资产（各原始权益人持有的泰州市东兴建设工程有限公司等14家企业作为出票人的商票的收益权），向资产支持专项计划转让基础资产。

（3）华泰资管（计划管理人）与江苏银行（原始权益人代理人）签订《资产买卖协议》，将发行资产支持证券募集资金用于购买基础票据收益权作为基础资产池。

（4）风控方面主要有两点：其一，原始权益人/持票人作为出质人、专项

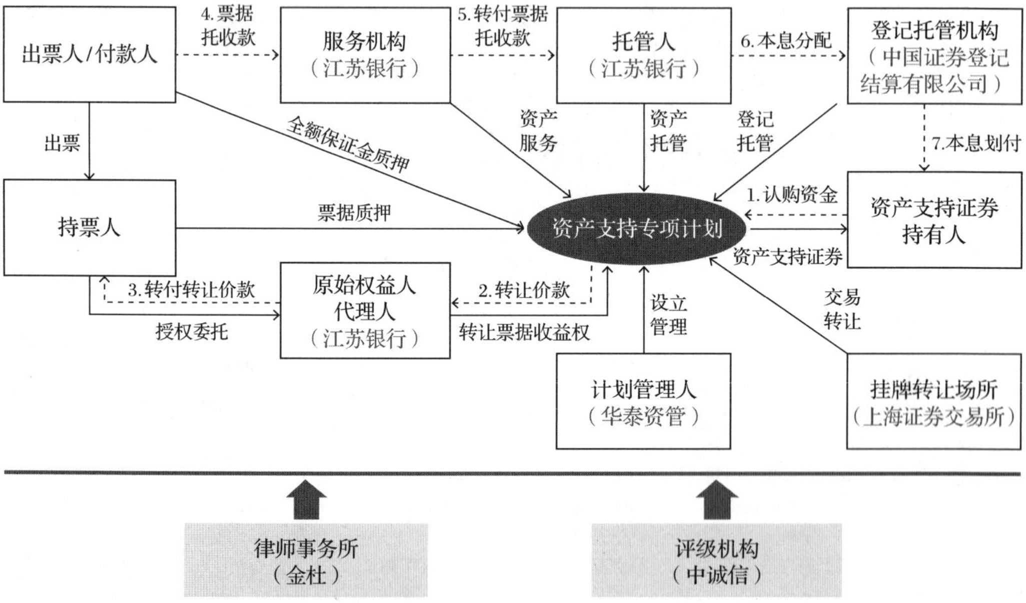

资料来源：华泰资管—江苏银行融元1号资产支持专项计划说明书。

图2 融元1号资产支持专项计划交易结构

计划管理人作为质权人，江苏银行作为担保代理人签署《票据质押协议》，将票据质押给资产支持专项计划。江苏银行对质押、解除、托收、转付等事宜进行服务。可以防止善意第三者接受票据导致的基础资产灭失风险。其二，债务人（出票人）作为出质人、专项计划管理人作为质权人、江苏银行作为账户银行签署《保证金质押协议》，将票据金额相等的全额保证金存入保证金账户，并将保证金质押给资产支持专项计划。

（5）其他第三方机构提供相应的各类服务。

（二）现有票据资产证券化可能存在的问题

1. 破产隔离的有效性存疑。由于《票据法》规定：“票据的签发、取得和转让，应当遵循诚实信用的原则，具有真实的交易关系和债权债务关系。”因此，没有真实交易关系的双方无法直接转让票据资产，即票据资产无法直接入池作为基础资产。当前票据支持证券化都是把票据资产收益权作为基础资产入池。尽管基于此大多数票据资产证券化都设计了诸如票据质押担保、全额保证金等措施，但以票据收益权作为基础资产入池并不能完全实现破产隔离。正如涂晟（2017）所说，这种转让仅仅是从金融或会计的角度出发界定的，而非一个严格的法律概念，是存在瑕疵的。

假设持票人破产，持票人持有的票据资产（含转让的收益权）可能会被作为破产财产进行清算，进而影响资产支持证券持有人收益。这是因为，一方面票据收益权转让本身是否有效并没有法律的确认，本质上是违背了《票据法》的规定；另一方面持票人破产后，其票据质押很可能会被认定为质押融资，对应的收益会被纳入破产财产进行清算，即便质权人享有优先受偿权和保证金提前划转机制，但其面临的风险仍然非常大。

2. 含有实质刚性兑付条款。除了持票人的票据质押之外，融元1号还采用了出票人全额保证金质押作为增信手段，而博时资本—平安银行橙鑫橙e1号资产支持专项计划接入了银行信用，由平安银行通过票据保函为票据承兑人提供无条件的连带保证担保，华泰资管—江苏银行融银1号资产支持专项计划的基础资产直接就是银票，中信证券—民生银行票据收益权1号资产支持专项计划通过民生银行的票据保贴接入了银行信用。

这种增信或风险缓释手段都过于简单粗暴，而且可能构成实质上违反“资管新规”的刚性兑付要求。如果出票人都100%全额保证金质押，那和直接偿付有什么区别呢？直接偿付可能更划算。而如果是基础资产本身就是银票收益权，或银行通过商票保贴、商票保证或者商票保函的形式为资产支持证券增信，则构成了存款性金融机构的实质性兑付。按照“资管新规”的规定：“存款类金融机构发生刚性兑付的，认定为利用具有存款本质特征的资产管理产品进行监管套利，由国务院银行保险监督管理机构和中国人民银行按照存款业务予以规范，足额补缴存款准备金和存款保险保费，并予以行政处罚。”

3. 商业模式不具有可持续性。尽管票据资产不属于“资管新规”的标准化债权资产，但实际上票据资产几乎是银行非标资产中流动性最高的，就目前国内情况而言，票据资产本身流动性还远远高于资产支持证券本身。图3展示了我国不同类别的固定收益证券的年换手率，这一结果非常符合我们实际的感觉，就是资产支持证券在我国目前阶段基本都是买入并持有到期的策略（“买

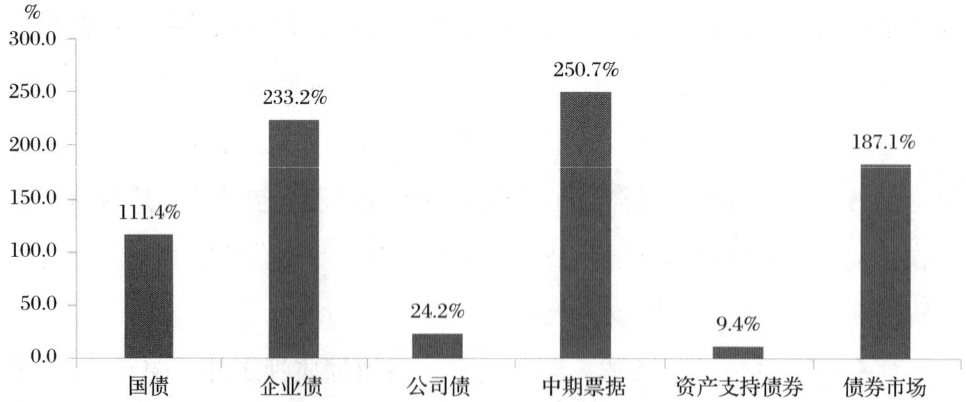

数据来源：原始数据来源于Wind，经计算得到。

图3 我国主要固定收益证券的年换手率

持”策略），年换手率仅为9.4%，而在美国资产支持证券的年换手率超过500%，仅次于美国国债（900%）①。尽管无法收集我国票据市场的具体交易规模数据，但从实践经验看，票据的换手率肯定远远高于10%。

如果资产证券化是为了将流动性差的资产转化为流动性强的证券，那么显然票据资产证券化实现了相反的目的。至少对于银票，或者银行通过商票保贴、商票保证或者商票保函形式提供兜底的商票是没有进行资产证券化的必要的。就目前中国资产证券化现状来看，为了所谓的将票据资产从非标转标而进行的票据资产证券化，不仅损失了流动性，还降低了收益性。以融元1号为例，入池的资产转让利率不低于4%，实际加权平均利率为4.88%，而投资者获得的预期收益仅为3.64%，收益率降低1.24个百分点。

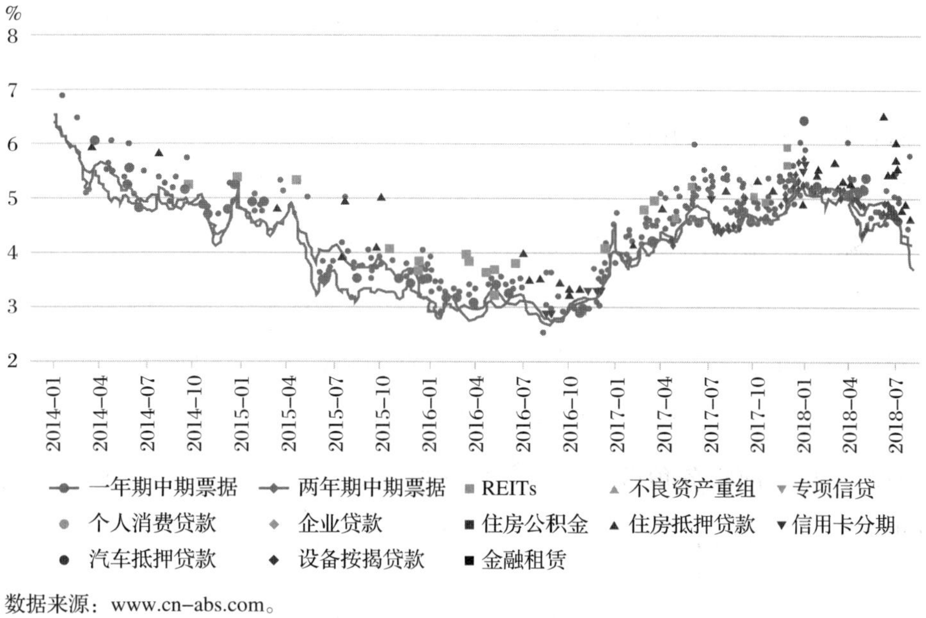

数据来源：www.cn–abs.com。

图4　银行间市场AAA级中期票据与同级资产支持证券的收益率比较

① 美国资产证券化发行余额和交易量数据来源于SIFMA，参见https://www.sifma.org/resources/archive/research/statistics/。

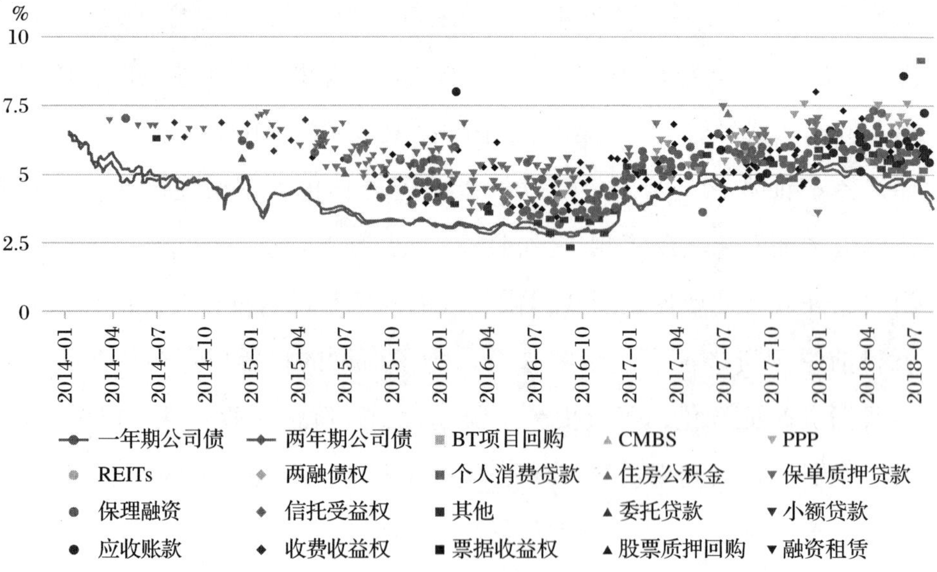

数据来源：www.cn–abs.com。

图5　交易所AAA级公司债与同级资产支持证券的收益率比较

而且这一收益率的降低又与市场上对资产支持证券所要求的回报是矛盾的，源于现阶段资产支持证券的流动性较低，且作为新生事物，与同级别中票或公司债相比，被市场要求更高的回报。

图4和图5分别列示了银行间市场AAA级中期票据和交易所AAA级公司债与同级资产证券化产品的收益率比较，同样的信用评级，但相对于中期票据和公司债而言，资产支持证券普遍具有更高的收益率。

因此，从目前实务角度来看，票据收益权资产证券化，尽管经过了证券化的过程，但更像是“伪资产证券化”，从流动性角度看，甚至是“反资产证券化”。

4. 基础资产的分散程度不足。上文已经提到合适的基础资产通常必须具备稳定的、可预期的现金流，以及同质性、分散化和相对独立性等特点。同质性、分散化和相对独立性就是为了适用大数定律，从而使估算的平均意义上的风险事件发生概率的准确性处于可接受范围内。

表7展示了可获得数据的六单票据资产证券化产品的基础资产所对应的票据笔数。票据笔数最多的是苏银1号2017-1，也仅有20单，最少的橙鑫橙e1号2016-1和尚通1号2017-1，仅有3笔。

再深入看下分散程度，以融元1号2016-1的14笔为例，其票面金额最高的五名出票人集中度达到了61.59%[①]，最高票面金额为9800万元。

表7　票据资产证券化产品的基础资产所对应的票据笔数

产品全称	产品简称	票据笔数
德邦证券浙商银行池融1号资产支持专项计划	池融1号2017-1	4
博时资本—浦发银行尚通1号资产支持专项计划	尚通1号2017-1	3
博时资本—平安银行橙鑫橙e1号资产支持专项计划	橙鑫橙e1号2016-1	3
交银施罗德—苏州银行票据收益权资产支持专项计划	苏银1号2017-1	20
华泰资管—江苏银行融元3号资产支持专项计划	融元3号2016-1	15
华泰资管—江苏银行融元1号资产支持专项计划	融元1号2016-1	14

图6展示了融元1号2016-1（14笔，14个出票人，14个持票人）票据资产在不同省份、行业和金额的分布情况，从省份和金额来看，集中度都比较高，作为对比，图7展示了同样是以收益权作为基础资产进行资产证券化的融资租赁资产证券化——2016远东三期资产支持专项计划的资产池分布（共116笔，107个承租人）。

对比容易发现融元1号2016-1资产分布过于集中，此外，尽管从行业分布来看融元1号2016-1基础资产分布较为分散，但仔细研究会发现，这只是因为

① 前五名票面金额之和除以总金额。

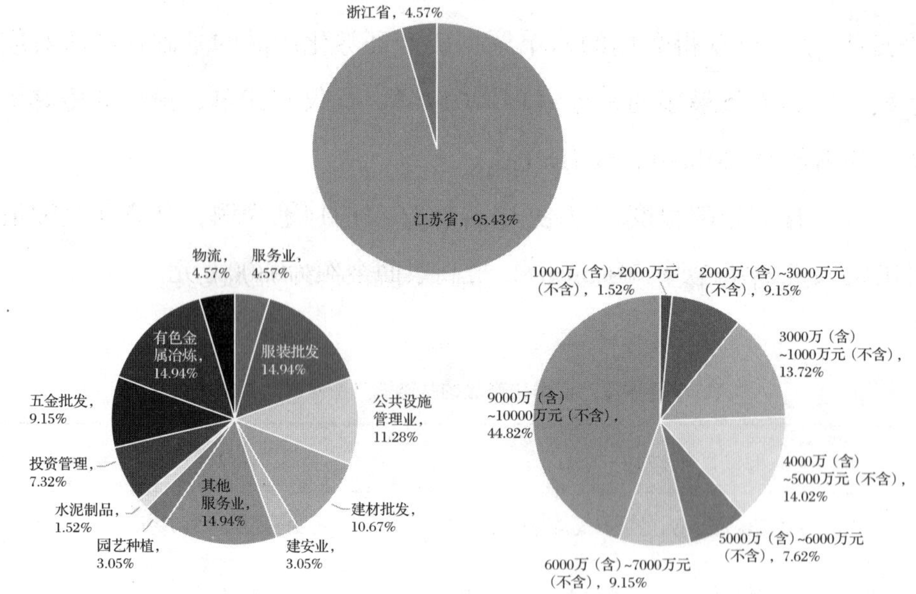

图6 融元1号资产池分布情况（14笔，14个出票人，14个持票人）

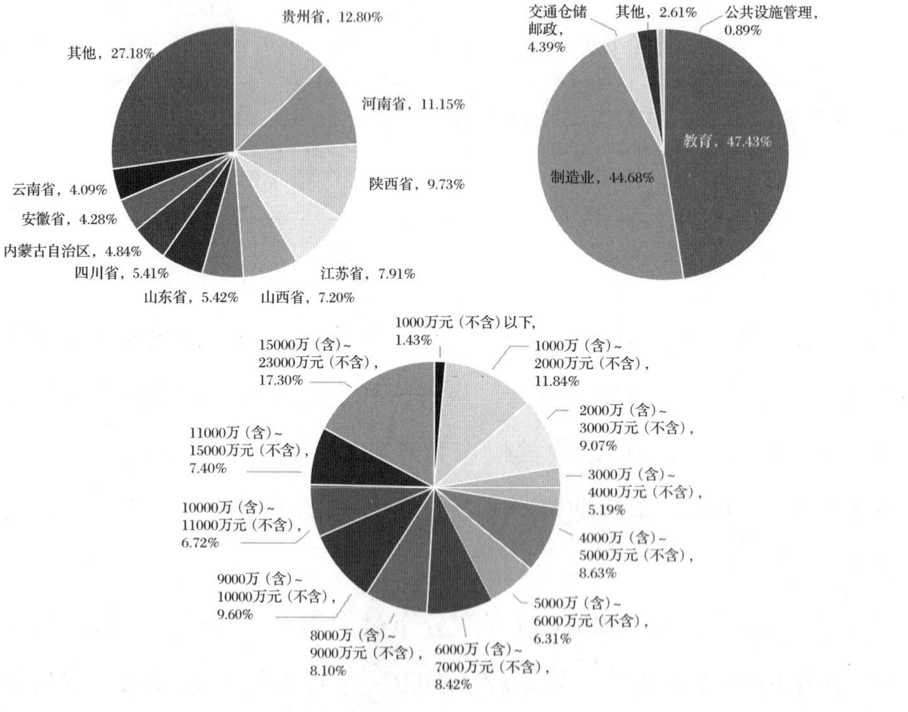

图7 2016年远东三期资产支持专项计划的资产池分布情况（126笔，107个承租人）①

① 由于小数点后两位四舍五入，数字加总可能不等于100%。

把行业分得太细了，很多票据出票人都是属于建安行业。而过度集中的资产池会导致大数定理的不适用，最终会导致对资产池现金流瀑布的估计存在巨大的偏误，进而影响对产品的信用评估和风险定价。

四、结论和政策建议

通过前面的分析我们发现，不可否认票据资产证券化为企业资产证券化带来了新的思路，扩展和丰富了资产证券化的基础资产类型。但从当前我国现阶段资产证券化业务的现实环境和票据资产证券化的结果来看，如果是为了将票据资产从非标转标，那么票据资产证券化是一个失败的尝试，当前的票据资产证券化是一种“伪资产证券化”，从流动性来看，甚至可以认定为是“反资产证券化”。主要表现如下：

（1）票据资产证券化所基于的基础资产——票据收益权，其破产隔离存在法律障碍，导致破产隔离无效；（2）以银票和通过商票保贴、商票保证或者商票保函的形式由金融机构提供增信的商票（的收益权）为基础资产的票据支持证券化构成了金融机构的实质性“刚性兑付”，违反了“资管新规”关于禁止“刚性兑付”的规定；（3）票据资产证券化不仅没能改善资产的流动性还降低了收益率；（4）票据资产证券化的入池资产的分散程度还太低。

对此，本文的结论和建议是：

（1）融资性票据的放开和资产支持证券市场的流动性是票据进行资产证券化的前提；（2）条件具备后，商票资产证券化应该是未来的一个重要品种，商票资产证券化的重要基础设施在于形成有效的定价中枢；（3）上海票据交易所的建立有利于票据信息的集中，从而形成市场化的定价中枢，提升票据资产及其衍生产品的流动性。本文的研究结论对于指导票据实务发展以及相关监管机构对票据资产证券化业务进行合理监管和规范具有重要的现实意义。

参考文献

[1] 涂晟 . 案例 5：华泰资管——江苏银行融元 1 号资产支持专项计划案例述评 [J]. 金融法苑，2017(2)：173–179.

[2] 肖小和 . 发展高质量票据市场与服务实体经济研究 [J]. 金融与经济，2018a(6)：4–10.

[3] 肖小和 . 中国票据市场四十周年回顾与展望 [J]. 金融与经济，2018b(11)：73–79.

推进我国绿色票据发展的关键问题研究

王　遥　施懿宸　秦书卷　梁楠楠[①]

[摘　要] 随着中国绿色金融体系的初步完成，在宏观战略及政策文件指导下，绿色金融产品发展迅速、标准逐渐完善，绿色债券、绿色信贷等绿色金融工具的应用逐步成熟。票据作为供应链金融中的重要工具，尤其是考虑到其对于中小企业融资支持的重要作用，推行绿色票据对于助力中小企业绿色融资、进一步扩大绿色金融的覆盖范围、助力绿色产业转型升级具有重要意义。然而，目前仍缺乏广泛的绿色票据产品创新，其障碍在于绿色票据的界定、评价标准和评价机制仍不完善。因此，本文建议制定有效的绿色票据评价标准，明确认定机制、完善基础设施、推动试点先行、加大激励力度以及加强风险防控，从而系统性地推进绿色票据体系建设。

[关键词] 绿色票据；关键问题；绿色票据评价标准

① 作者简介：王遥，中央财经大学绿色金融国际研究院院长；施懿宸，中央财经大学绿色金融国际研究院副院长，长三角绿色价值投资研究院院长；秦书卷，江西财经大学九银票据研究院秘书长、九江银行票据中心总经理；梁楠楠，长三角绿色价值投资研究院研究员。

一、绿色票据的特点及重要作用

依据《中华人民共和国票据法》，票据是指出票人依据票据法签发的，由自己或委托他人在见票时或在指定日期无条件支付确定金额给收款人或持票人的有价证券。目前，国内外尚没有针对“绿色票据”的定义。本文根据《关于构建绿色金融体系的指导意见》中对绿色金融的定义，认为绿色票据是指为与环境改善、资源节约高效利用、应对气候变化等目标相关的绿色产业或项目经营活动而开展相关的商业汇票业务，包括绿色银行承兑汇票和绿色商业承兑汇票。

（一）绿色票据的特点

绿色票据首先是票据，具有普通票据的所有特点：一是支付作用，在企业跟上下游贸易往来中，绿色票据跟现金一样可以用来付款；二是结算作用，企业跟上下游之间的债权债务，可以通过票据背书转让来结算；三是信用功能，绿色票据的开立和实际兑付之间有时间差，扩张了绿色企业的信用；四是融资作用，持有绿色票据的企业可以找银行贴现快速回笼资金，持有绿色票据的银行也可以通过转贴现、回购和再贴现融入资金；五是交易功能，绿色票据作为一种高流动性的金融资产，可以随时在票据市场交易变为现金；六是投资功能，票据市场是货币市场的一个重要组成部分，投资者可以向企业、商业银行或其他机构买入绿色票据或票据衍生品作为短期投资品；七是调控功能，绿色票据是商业银行调节绿色信贷规模和资金最灵活、最有力的工具。

此外，绿色票据与普通票据的区别在于其融资功能实现时具有“绿色”属性，绿色票据作为绿色金融产品，根据中国人民银行和上海票据交易所（以下简称票交所）对绿色金融的相关政策办理，接受监管部门对绿色金融服务的各项监管要求。

（二）绿色票据的重要作用

1. 绿色票据是推动经济高质量发展的重要绿色供应链金融工具。当前，在全球应对气候变化、保护环境，加强生态文明建设的大背景下，依托“一带一路”倡议以及京津冀、雄安新区、长三角、珠三角等区域发展的战略部署，产业结构调整升级、经济绿色转型已是当务之急。票据已成为解决金融支持供应链发展创新的重要工具。2018年4月，商务部等8部门在《关于进一步做好供应链创新与应用试点的通知》中表示要创新供应链金融服务模式，充分发挥票交所等金融基础设施作用，带动节能环保的产业供应链，推动企业降本增效、绿色发展和产业转型升级。为此，进一步加大绿色金融创新、发展绿色票据、推动金融机构合理配置金融资源，加大对绿色产业、绿色项目的资金支持，有利于促进经济与环境协调发展，加快推进生态文明建设，落实国家战略方针。

2. 绿色票据是构建绿色金融体系的重要组成部分。2015年9月，“绿色金融”首次作为国家战略写入《生态文明体制改革总体方案》。2016年8月，经国务院同意，中国人民银行、财政部等七部门联合发布《关于构建绿色金融体系的指导意见》（以下简称指导意见），对绿色金融进行了定义并初步构建了绿色金融体系，指出了构建绿色金融体系的重要意义。当前我国在绿色金融领域主要产品为绿色贷款、绿色债券等，产品较为单一，且绿色债券、绿色信贷偏向于解决绿色产业长期资金需求问题，发展绿色票据可以较好地满足绿色企业的资金支付与短期融资需求，降低绿色企业的短期融资成本，有助于完善绿色产业领域内的多层次融资体系。

3. 绿色票据能够精准扶持中小企业的绿色融资。绿色金融体系目前遇到的一个突出问题是对于各类非金融市场主体的渗透率不高，尤其缺少涉及中小微企业的渠道。近年票据市场的规模不断攀升，对于中小企业的支持作用尤为明显，目前中小微企业在票据融资中的占比超过六成。商业汇票签发便利、流动性高，且交易过程标准化，可满足中小企业融资“短、频、急”的特征，而绿色票据可根据标准筛选出绿色中小企业，进行货币政策支持的精准“滴灌”。

4. 绿色票据是完善商业信用体系建设的重要举措。票据尤其是商业承兑汇票，在构建商业信用体系方面具有明显的优势，其既是企业的结算及融资的工具，也是商业银行资产负债调节的主要手段。绿色票据，尤其是绿色电子商业承兑汇票的发展，可以进一步扩大商业承兑汇票的签发主体，丰富商业承兑汇票应用场景，推动商业汇票信用评级体系建设，为进一步优化国内的商业信用环境创造条件。

5. 绿色票据可推动货币政策传导效率的提高。《中国人民银行关于上海票据交易所系统再贴现模块上线有关事项的通知》（银发〔2017〕216号，以下简称“216号文”）指出，绿色票据与涉农、小微票据将获得中国人民银行优先办理再贴现的支持，并且加大对绿色经济的支持力度。显然，一方面绿色票据直接作用于实体经济，提供贸易结算、投融资功能，另一方面央行可以通过控制再贴现总量、价格、行业、种类以及对象等要素定向、定量投放货币、引导市场预期，大大提升了货币政策的有效性和灵活性，从而引导商业银行信贷投放从传统的高耗能行业转向绿色企业和绿色项目，调节商业银行内部信贷资产结构，加强银行信贷资金对绿色经济的支持。

二、我国发展绿色票据面临的问题

目前多地区包括政府部门、人民银行、银保监会等监管部门、各金融机构均已针对票据支持绿色产业发展展开了实践和理论探索。2019年7月广州市人民政府办公厅在《广州市人民政府关于促进广州绿色金融改革创新发展的实施意见》中，在全国范围内首次提出探索制定“绿色票据标准”，并提出“争取率先在全国出台绿色金融票据标准，为广州地区企业运用绿色票据拓宽融资渠道奠定基础”。深圳、克拉玛依、潍坊等地方人民银行支行设立了绿色票据再贴现专项支持额度。兴业银行已在北京、深圳、成都等地试点绿色票据业务。然而，目前推进绿色票据的发展仍面临以下问题：

（一）缺乏清晰的绿色票据概念界定

目前国内外尚没有公认的针对“绿色票据”的权威定义。虽然有部分学者提出过相关概念，但还没有形成普遍市场认同。同时也有部分地区和试点银行对绿色中小企业开展了以票据为工具的贴现支持，但是仅针对有贴现需求的企业，在会计处理中也被视为贷款类业务，其性质更类似于绿色信贷产品。绿色票据的概念需要对票据的绿色属性进行解释，因此其绿色属性应当与票据产品本身相依相辅。

（二）缺乏有效的绿色票据评价标准

缺乏有效的绿色票据评价标准是现阶段我国发展绿色票据面临的最主要障碍。主要表现在：

一是现行绿色票据指定标准不完全适用。中国人民银行的“216号文”指出，“绿色票据标准比照中国金融学会绿色金融专业委员会编制的《绿色债券支持项目目录（2015年版）》的相关规定执行”（以下简称《绿色债券目录》）。然而，《绿色债券目录》主要以项目为标的，而票据业务通常是具体产品的交易。在实际运用中可能出现目录项目范围过大的问题，无法细化指向票据交易的某项产品和内容，从而无法清晰覆盖票据交易标的，同时也增加了银行审核端判断的风险。

二是地方试行绿色票据评价标准有待完善。目前，深圳市通过绿色票据白名单制度划拨了10亿元绿色票据再贴现专项支持额度；潍坊市采取“重点绿色企业名单”形式，向19家核心绿色企业及87家上下游企业提供8亿元的再贴现支持额度，优先为符合要求的绿色票据办理贴现业务。尽管地方这类“正面清单”式评价标准是探索绿色票据的有益尝试，但没有充分考虑票据的特点，未对票据生命周期中不同环节能否“贴绿标”进行深入探讨，未考虑当主体不“绿”时，“贸易背景绿”的情况，难以成为全国统一的标准。同时，绿色票据以贴现环节的支持为主，难以传导至核心企业并激发其开具承兑汇票。

（三）缺乏权威的绿色票据认定机制

当前中国的商业汇票仍然属于“被动性”票据，即必须有真实的贸易背景和交易关系作为产品存在的必要条件，而目前国际上主流商业票据属于“主动性”票据，基于市场主体的商业信用和融资需求而签发，二者仍然有本质上的区别。因此在中国，绿色票据应属于事后评价行为，与现有绿色债券和信贷的评价机制不同。然而目前尚未有一套完善的评价机制，对评价主体、评价对象、评价流程和后续监管进行明确，无从保证评价的独立性和透明度。

（四）缺乏透明的绿色票据信息披露机制

2019年8月，票交所发布了第三版本中国票据交易系统，在再贴现子系统新增了纸质票据和电子票据的出票人补充信息登记功能，出票人开户行或贴现行可对已贴现票据出票人的企业是否绿色等信息进行补充登记，基本实现绿色票据全周期的信息呈现。然而票交所作为票据基础设施，不具备绿色票据识别的功能，只能呈现登记机构的自主识别结果，导致呈现的绿色票据不具备统一标准和统计意义，难以被市场和监管机构接受。尽管目前基础设施已经具备识别绿色票据的功能，但只能呈现评价结果，缺少呈现其他认定依据的信息及披露的平台。市场以及监管机构无法进一步对评价结果进行监督和追溯。

（五）缺乏完善的绿色票据风险防控机制

绿色票据除信用风险外，还可能产生“漂绿”等绿色风险。票据连接着再贴现等货币政策工具，行使着重要的传导职能。若没有事前风险防控和事后风险化解机制，则有可能因“绿色”风险暴露，引发一系列的违约和违法风险。

三、制定有效的绿色票据评价标准

绿色票据评价标准的制定是绿色票据产品发展和推广的基本条件。绿色票据评价标准应在票据特点和绿色金融背景相结合的基础上，将票据融资功能实现时的主体、交易背景进行综合分析。

（一）绿色票据评价标准应遵循可识别、可操作、可计量、可推广的原则

可识别，是指绿色标准要有效识别“绿色”。识别“绿色”是绿色票据区别于非绿票据的关键因素，也是实现绿色票据标准制定意义的最主要因素之一。在绿色标准的选择中，既要从实现绿色票据意义的角度，保障绿色票据的标准可实现金融助力产业绿色化的目标；也要从绿色程度的角度，防止“浅绿”导致的绿色化程度不足，以及“深绿”可能导致的符合标准的票据量过少，而不利于推广。

可操作，是经确立的标准可在实践中持续运营。考虑到未来推广的可能性及应用的普遍性，要和金融机构的票据业务执行安排、票据系统的现有基础相契合，这是制约未来标准落地执行的关键因素，因此在本文分析过程中，也对当前的票据业务作了进一步的分析，以使未来标准与目前执行系统尽可能的相协调。

可计量，是指根据绿色票据评价标准构建的计量体系，能够准确地统计绿色票据规模，真实反映绿色票据对于绿色产业的支持情况，便于监管机构和商业银行进行监督及披露。

可推广，是指经确定的标准应有助于绿色票据的推广。绿色票据是为了更好地助力绿色产业发展，因此只有在更大范围内推广绿色票据，使更多企业有意愿使用绿色票据，才能真正实现产业链的绿色化。局限的、狭隘的标准将不利于绿色票据在实际中的应用。

（二）绿色票据评价标准应仅适用于票据融资功能实现环节

当前，其他绿色金融产品，如绿色信贷、绿色债券等，判定其“绿色”

属性的依据均为募集资金用途，即实现了融资功能。而票据具有支付结算、融资、调控和交易等功能，由于其他功能“绿色”赋能难度较大，因此绿色票据也应仅适用于其融资功能实现时的环节。

从票据行为来看，商业汇票有承兑（签发）、贴现、背书转让等主要行为。承兑可分为商业承兑和银行承兑。其中银行承兑汇票，是指银行为满足客户基于真实、合法交易产生的支付需求，以约定的、可预见的销售收入和其他合法收入等作为兑付资金来源，由银行签发汇票并进行承兑。所谓商业承兑汇票，是由企业法人以及其他组织签发的，银行以外的付款人承兑的，由付款人在指定日期无条件支付确定的金额给收款人或者持票人的票据。贴现是指票据的收款人或被背书人，在票据到期之前，为获得现款，将未到期的商业汇票经过背书后，向银行贴付一定的利息，而把商业汇票的债权转让给银行的一种票据转让行为。

因此商业汇票的承兑或贴现环节是实体经济直接与银行等金融机构产生关联的环节，体现了票据的融资功能。票据在背书流转期间，不需要商业银行介入审查，使票据流转环节所产生的信息难以受到监管。因此绿色票据标准的研究应主要关注商业汇票的承兑、贴现两个环节。

（三）绿色票据评价标准应同时关注主体和贸易背景

从票据的票面信息来看，被背书人和背书人签章是票据绝对记载事项。根据中国人民银行《支付结算办法》，票据的签发、取得和转让，必须具有真实的交易关系和债权债务关系。而现有商业银行办理票据业务主要审查信息为出票人及其签发票据的贸易背景、贴现人及其和前手贸易背景。

为此，应从主体、贸易背景两方面考虑绿色标准的内容设置。其中主体（出票人或贴现人）基于融资需求或承兑或贴现，体现了票据作为货币证券对绿色金融支持对象的一致性。贸易背景是体现票据作为有价证券行使融资功能的背景依据，也是金融支持实体产业中“产业”方向的体现，同时贸易背景绿色与否在一定程度上也能体现票据的收款人性质。在实际操作中，“主体绿”或“贸易背景绿”应都可以被视为绿色票据。

（四）绿色票据评价标准应综合参考当前的绿色相关目录

上文已提出需要从主体、贸易背景两方面考虑绿色标准的内容设置，但如何判断主体与贸易背景是否符合绿色票据要求，则需要参照具体的目录加以评价。由于《绿色债券目录》的适用性较差，绿色票据评价标准还应综合参考当前的绿色相关目录，特别是发展改革委等七部门发布的《绿色产业指导目录（2019年版）》（以下简称《绿色产业目录》）。

《绿色产业目录》中除客运铁路部分被删减，范围基本覆盖了《绿色债券目录》，其主要变化之处在于细化了绿色项目具体内容指向，例如将《绿色债券目录》中具有节能效益的城乡基础设施具体界定为“建筑节能与绿色建筑”“绿色交通”“环境基础设施”“城镇能源基础设施”“海绵城市”“园林绿化”六类。

总体来看，《绿色产业目录》相比《绿色债券目录》更全面地囊括了目前国内已有绿色产业的范围，按照领域+技术/规模的划分方式进一步厘清了绿色产业和项目边界问题，可认为是绿色债券目录的进一步解释说明，使在《绿色债券目录》的评价基础上，绿色票据标准更具备可操作性。

（五）绿色票据评价标准应坚持“双绿”原则

“单绿”是指仅在单个环节对票据进行评价，符合标准即视为绿色票据。在票据承兑环节作用标准形成的“单绿”票据，推广意义更为突出，但是容易产生后期票据流向的风险问题，带来监管上的难度。在贴现环节作用标准形成的“单绿”票据，在监管和操作上均具备可操作性，但可能产生签发主体缺乏积极性的问题。

“双绿”是指在承兑和贴现环节同时对票据进行评价，即需要同时在两端均符合要求的票据才能被视为绿色票据，即承兑环节主体或贸易背景绿，以及贴现环节主体或贸易背景绿。从可操作性角度看，在承兑和贴现环节审核主体或贸易背景符合一般票据业务流程逻辑，统计口径清晰、统计体系完整。从绿色票据风险角度来看，承兑环节即区分绿色票据与其他票据可以规避源头的风险，而贴现环节可以一定程度防范资金非绿用途风险。因此承兑和贴现环节较适合作为“双绿”票据的标准作用环节。

四、推进我国绿色票据发展的其他政策建议

（一）纳入绿色金融标准化工程

2018年9月，全国金融标准化技术委员会成立了绿色金融标准工作组，制定了构建统一完备高质量的绿色金融标准体系的工作目标，并设立了多个绿色金融产品标准小组，各项前期研究工作稳步推进。2019年10月，中国人民银行研究局正式启动绿色票据标准的研究工作，并将“绿色票据标准”纳入国家绿色金融标准化工程，加快相关研究，展开广泛的专业讨论，持续推进绿色票据标准化工作。

（二）推动绿色票据试点工作

绿色票据作为创新型金融产品，应当大胆突破，积极实践，不断探索。应由中国人民银行率先出台“绿色票据评价标准细则试行管理办法”，明确绿色票据定义，阐明大力发展绿色票据的重要作用。同时，选择相关地区先行试点绿色票据业务，例如在国家绿色金融示范区内进行推广，或者在珠三角、长三角等票据业务巨大的区域率先推行。制定分阶段发展政策，从大胆尝试到完善体系管理，由易到难，摸索建立一套完善的绿色票据标准框架、实施路径以及风险防控机制，再逐步推广至全国各地，形成全国统一的绿色金融体系下的绿色票据子体系。

（三）明确绿色票据认定机制

绿色票据应由商业银行或商业银行委托的第三方专业机构进行认定。商业银行需构建完善的绿色票据管理体系，对企业所提交资料进行严格审核，必要时需结合现场考察企业生产、经营活动以进行审核。在签发承兑环节，商业银行应负责对汇票的交易背景进行审核，根据企业主体及其提供的贸易背景信息，结合现场尽调等方式判断票据交易背景是否符合绿色票据的要求。在贴现环节，商业银行应根据票据主体及其提供的贸易背景信息进行判断，审核通过后确认为绿色票据。在开票或者贴现环节被评判为绿色票据的，商业银行对票据打上绿色标签并纳入绿色票据库，直至票据兑付后结束票据的全生命周期。

（四）完善绿色票据基础设施

票交所是全国票据交易的基础设施单位，主要负责绿色票据在全国范围的传递和绿色票据池的建立。要突破当前绿色票据信息仅为补录的现状，则需进一步完善绿色票据基础设施建设，建设专门的绿色票据信息系统等基础设施，以更有序、透明、高效地开展绿色票据业务。例如，在开票环节确认绿色票据的实现，可通过相关端口及数据库建设，由商业银行系统对票据贴绿色标签后，同时将票据绿色属性上传至票交所系统，从而实现不同银行对绿色票据的互认，以及绿色票据的信息披露。

（五）加大绿色票据的激励力度

当前，中央银行再贴现支持小微、“三农”和绿色票据的贴现，应进一步加强绿色票据激励力度，一方面通过在防风险的前提下适当放宽绿色票据相关监管指标，扩大绿色票据规模，降低再贴现利率，鼓励金融机构积极受理绿色票据业务；另一方面通过鼓励商业银行采用额外的绿色授信额度、减少担保抵押额度等适当的激励办法，鼓励符合绿色票据标准的企业积极使用绿色票据工具，引导票据市场向绿色经济领域倾斜，确保绿色票据真正服务于绿色经济。

（六）加强绿色票据风险防控

绿色票据与传统票据业务相比，在风险防控领域存在一些差异。除了需要防范票据业务自身信用风险、操作风险及合规风险，还需要强调票据的绿色风险防控。一是强化对绿色标的标准设计及评估管理，防范制度类风险。通过试点确定票据标准时应当充分考虑可能产生的风险，并针对每项风险采取事前预防和事后追询的管理机制，将风险研究结果反馈至标准设计过程，从而使绿色票据标准更加完善、管理制度更加健全。二是提高绿色票据的信息披露程度。监管机构应制定详细的信息披露要求，并搭建专门的绿色票据信息管理系统，识别绿色票据、管理绿色票据业务、统计绿色票据业务规模，为绿色票据决策及监管提供数据支持。三是加强绿色票据标准评估机构的风险监控，确保相关机构评估准确、评级可靠，针对可能出现的操作风险，跟踪研究并及时发布相关管理办法。四是制定商业银行绿色票据考核办法，并定期对商业银行绿色票据业务开展情况进行考核。并设置相应的考核等级结果，针对不同考核结果制定相应的奖惩办法。

参考文献

[1] 中国银行保险监督管理委员会 . 2019 年国务院新闻发布会 [Z]. 中国银行保险监督管理委员会，2019.

[2] 中央国债登记结算有限公司 . 中国绿色债券市场 2019 上半年报告 [Z]. 中央国债登记结算有限公司，2019.

[3] 央行货币政策司课题组 . 1 月份票据融资增长较快主要是支持了实体经济 [N/OL] . (2019-02-21) [2020-6-3] . https://finance.sina.com.cn/roll/2019-02-21/doc-ihqfskcp7104802.shtml.

[4] 上海票据交易所 . 上海票据交易所关于中国票据交易系统（2019 年三季度版本）升级的通知 [EB/OL] . (2019-08-09) [2020-06-03] . http://www.shcpe.com.cn/info_13_itemid_1706.html.

[5] 人民银行潍坊中支．对市政协十三届三次会议第133089号提案 关于进一步促进金融与实体经济融合发展[EB/OL].(2019-05-20)[2020-06-03]. http://xxgk.weifang.gov.cn/sjrb/201905/t20190531_5370748.html.

[6] 中国人民银行，中国人民银行关于上海票据交易所系统再贴现模块上线有关事项的通知（银发〔2017〕216号）[EB]. 2017.

中国票据研究中心第二届征文获奖名单

征文题目	单位	作者	等次
票据利率分析方法及量化预测模型	招商银行	汪武超　林竹青　王鹏程	一等奖
应收账款票据化研究	中国农业银行票据营业部	曾一村　黄学伟　凌　典	一等奖
LPR变革与票据定价机制	江西财经大学九银票据研究院	肖小和　王成涛	一等奖
基于票据收益率曲线斜率的投资策略与量化回测分析	招商银行	鱼沛喆	二等奖
票据转贴现利率模型的开发和检验	邮储银行浙江省分行	杨　炳	二等奖
2018年票据市场恢复增长 中国票据发展指数达到13699点 ——中国票据市场发展指数的构建与应用分析	江西财经大学九银票据研究院	肖小和	二等奖
线上票据业务产品分析与发展研究	中国工商银行票据营业部上海分部	董　星　陆　远	二等奖
新形势下票据市场价格形成机制研究	中国工商银行票据营业部	中国工商银行票据营业部课题组（徐晓岚、王永琪、邹江、汪小政、汪办兴、黄家驹）	二等奖
票据的真实贸易背景与融资性票据问题研究	江西财经大学九银票据研究院	秦书卷　彭歆怡	二等奖
通过跨境票据业务提升外贸水平与增强人民币国际化竞争力的研究	上海普兰金融服务有限公司	黄　维　周海滨　季鹏飞	二等奖
票据市场发展与地区经济发展相关性研究 ——基于东北三省和上海市的实证分析	上海浦东发展银行大连分行	曲越民	二等奖
票据市场传导货币政策研究	中国农业银行票据营业部	曾一村　凌　典　谈　韵	三等奖

续表

征文题目	单位	作者	等次
票据市场量化交易模型初探	上海浦东发展银行	侯　林　李　论	三等奖
金融发展、银行集中度与票据融资	中南财经政法大学	张琳宜	三等奖
票据市场收益率量化模型研究 ——基于利率债逻辑分析框架	招商银行南昌分行	方雄平	三等奖
银行间市场资金流动性对票据利率影响的研究	上海财经大学金融学院	杨　刚　胡　玥	三等奖
关于标准化票据的发展概览与思考	中国工商银行上海市分行	刘　峰　陈萃琳	三等奖
创设“承直”剥离票据——基于金融风险考量	上海浦东发展银行天津分行	李　泽	三等奖
资管新规下我国票据资产证券化业务探讨	江西财经大学九银票据研究院	肖小和　胡　军	三等奖
推动票据回归本源　助力实体经济发展	招商银行总行	李明昌　汪武超	三等奖
关于扩大票据应用、助力企业融资的研究	中国邮政储蓄银行 中国人民大学	翟舒毅　周文婷	三等奖
金融供给侧结构性改革与票据服务实体经济	九江银行	王　琨　秦书卷　王文静	三等奖
推动票据业务经营转型　服务实体经济高质量发展	中国民生银行	杨　栋　黄永军	三等奖
金融科技与中小企业票据融资研究	复旦大学泛海国际金融学院 中国金融期货交易所研发部	顾　研　周强龙	三等奖
推进我国绿色票据发展的关键问题研究	中央财经大学绿色金融国际研究院 长三角绿色价值投资研究院 江西财经大学九银票据研究院	王　遥　施懿宸 秦书卷　梁楠楠	三等奖